语 文 知 识 小 丛 书

U0717942

写作常识精讲

喻旭初 主编

王瑜 喻旭初 编写

凤凰出版社

图书在版编目（CIP）数据

写作常识精讲 / 王瑜，喻旭初编写. -- 南京 ： 凤
凰出版社，2023.10
（语文知识小丛书 / 喻旭初主编）
ISBN 978-7-5506-3991-1

Ⅰ. ①写… Ⅱ. ①王… ②喻… Ⅲ. ①作文课－中学
－教学参考资料 Ⅳ. ①G634.343

中国国家版本馆CIP数据核字(2023)第174193号

书　　　　名	写作常识精讲	
编　　　　写	王　瑜　喻旭初	
责 任 编 辑	蔡芳盈	
装 帧 设 计	陈贵子	
责 任 监 制	程明娇	
出 版 发 行	凤凰出版社(原江苏古籍出版社)	
	发行部电话025-83223462	
出版社地址	江苏省南京市中央路165号,邮编:210009	
照　　　　排	南京凯建文化发展有限公司	
印　　　　刷	苏州市越洋印刷有限公司	
	江苏省苏州市吴中区南官渡路20号,邮编:215104	
开　　　　本	787毫米×1092毫米　1/32	
印　　　　张	6.625	
字　　　　数	103千字	
版　　　　次	2023年10月第1版	
印　　　　次	2023年10月第1次印刷	
标 准 书 号	ISBN 978-7-5506-3991-1	
定　　　　价	24.00元	

(本书凡印装错误可向承印厂调换,电话:0512-68180638)

前　　言

　　二十多年前,我和几位同事合编了《古代文化知识精讲》《文学常识精讲》《古代名句选讲》三本小册子,由于讲的都是常识,坚持面向大众,因而受到了普遍欢迎,一度成了畅销书。今年,我又和同事合作,推出三本新的小册子。这是三本什么书,又为什么要编呢?

　　先看学校里。不少中学生"一怕文言文,二怕写作文"。这种状况应该改变,这需要从学好有关常识做起。

　　再说社会上。眼下的信息时代,人们日益追求快速、高效,不愿看稍长一点的文章,不肯稍作一点冷静的思考,以致经常出现用词不当、表意不明、言不及义、花里胡哨的表达。其中一个重要原因是忘记了常识。难怪几年前就有人说,当代人不缺知识,缺的是常识。

　　为了帮助中学生和社会上的普通读者初步具备读懂浅近文言文的能力和基本的写作能力,我们编写了《文言文常识精讲》《写作常识精讲》。而要有基本的写作能力,首先必须解决好正确表达的问题。语法能使表达通顺,修辞能使表达生动,逻辑能使表达严密,为此我们编了《语法修辞逻辑精讲》,以有助于表达的规范。

因为这是一套面向大众的普及性读物,所以我们在编写时坚持两条:一是通俗性,不玩概念,让读者一看就懂;二是资料性,少说大道理,多附对读者有用的资料,如容易用错的成语100例,常见的语、修、逻错误,常见的文言虚词20例,应试作文临考应注意的问题,增强语言吸引力的方法,等等。

说到常识,我想起了从报上看到的一则短文。有人问一位事业成功者有什么经验,答曰:"没什么经验,我只是喜欢按常识去认真做事而已。"这句普通得不能再普通的话告诉我们:如果肯在学常识、按常识做事上下功夫,把平常的事做到极致,把低级错误降到最少,那效率、成功就一定会随之而来。当然,随着科技的进步和时代的发展,常识也得不断丰富、完善,但它对实践的指导功能永远不会过时。

关于常识,我想再说几句。从某种意义上说,强调常识,就是尊重规律,就是符合情理,就是坚守底线。实践证明:抛弃常识,目标往往落空;尊重常识,事情常常成功。对每个普通人来说,想多多少少办成一点事,就会深切地感到:常识始终有用,常识伴人一生。

　　编写这三本小册子,再次体现了我们对"普及常识,面向大众"这一原则的坚守。

　　我们不敢奢望这三本小册子对中学生和普通读者学好文言、写好文章能有多大作用,只要能对"学到常识,减少失误"有所助益,我们就很欣慰了。

　　参加本套丛书编写的都是金陵中学语文教研组的优秀中青年教师。为了编好本套丛书,他们在繁忙的日常教学之余,广泛搜集资料,细心加以筛选,认真进行编写,付出了辛勤的劳动。尽管如此,不足仍恐难免,真诚欢迎语文专家和广大读者批评指正。

　　　　　　　　　　　　　　喻旭初
　　　　　　　　　　　　　　2023 年 8 月

目　　录

一、基本写作常识

写作的表达方式主要有五种：记叙、说明、议论、描写、抒情。按照表达方式划分，文章可以有记叙文、议论文、抒情文、说明文等分类。书信、日记、演讲稿、启事等则是由它们的使用目的而被限定出来的具有强烈自身特点的文体形式，因其强烈的实用色彩，所以统归为应用文。

应用文和记叙文、议论文、抒情文是日常写作中人们最常用到的文体形式。日常写作不同于文学创作。文学创作更强调作品的创意性和虚构性，而日常写作则更像戴着镣铐跳舞，首要的是完成一定情境下的规定性，并在"审题"的基础上，通过立意、取材、结构、语言等方面的斟酌，做到文从字顺，文质兼美。

具体来说，审题指的是面对规定情景，文章能否做到准确回应，符合题意。在应试作文的考察体式下，审清题意极为重要，否则就如同偏离了航线的船只，无论如何也不能到达目的地。

立意体现的是文章的格局和思想。因为每个

人的学识和人生阅历不同,即使面对相同的题目和情境,人们也会产生不同的思想和见解。认识有高低深浅之分,因而立意也就有高下之别。立意是评判一篇文章优劣的灵魂,体现的是作者的风骨和品格。

取材是指在审题的基础上,选择恰当的素材进行阐述,以使自己的文章更加充实,思想更加明晰。如果说立意是一篇文章的灵魂,那么选材就是它的血肉。好的选材可以使文章触之温润,顾盼生辉。

结构是一篇文章的谋篇布局,最能够体现作者的艺术巧思。采用合理的结构和艺术手法,可以使文章的表达更加合乎逻辑,使文章的表达效果事半功倍。

语言是文章的终端呈现,无论有怎样的高妙立意,巧思铺排,最后都要通过语言将其呈现。准确、恰当地使用语言,并使它充满魅力,是我们不懈的追求。

本章将从这五个方面来阐述写作的基本常识。

（一）审 题

审题,就是在作文时,审明题意,了解命题者的意图。审题是作文的第一步,也是关键的一步。只有题意审准了,审对了,写出的作文才能切题,符合要求;如果题意领会偏了,领会错了,写出的作文就会离题,甚至文不对题。

审题要注意以下两点:

1. 弄清题目对作文的内容和形式究竟提出了哪些要求。

2. 发挥题目中不曾限制而可供充分发挥的领域。

比如命题作文"一半因为秋天",就既对写作内容作了一定程度的限制,又给了充分的留白供写作者去发挥拓展。因为"一半因为秋天",所以作文内容绝不可与秋天毫无关联,否则属于跑题;但又不可全写秋天,因为还有"另外一半"导致了事情的发展,甚至可以说,这才是文章写作的核心。因为"秋天"是对所有写作者规定的共性材料,而"另一半"才是每个人能够去发挥拓展的个性领域。

所以,对于题目给予的规定,所给的材料,既要确切理解,融会贯通,又不可太死板,被它束缚住,而要从它不曾限定的地方打开思路,做到既紧扣题意,又挥洒自如。

典型题解

1. 从审题要注意的要点出发,分析《这不是梦》的题意。

【解析】　这是一个极巧妙的题目。虽说"这不是梦",然而要从"梦"写起。人们对热切盼望获得的东西,往往用"梦寐以求"来表示。一旦达到目的,喜出望外,又仿佛在"梦"中。比如一些住在茅草棚里的农民,几十年来渴望有几间宽敞的平房甚至楼房,于是克勤克俭,梦寐以求。一旦造起了新房,搬进了新居,那简直是在梦中。然而"这不是梦",而是现实。

可不可以写一个真正的梦呢? 可以的。俗话说"日有所思,夜有所梦",白天做的想的,常常会在梦中反映出来。例如白天做了一件错事,梦中也许会反映出来,而且会感到内疚、懊悔。这是梦,然而又"不是梦"。

2. 认真阅读下面一段文字,然后根据要求,从内容范围、中心提示、体裁规定、写法要求、字数限制等五个方面加以审视,领会命题者的意图。

有父子二人,居山村,营果园。父病后,子不勤耕作,园渐荒芜。一日,父病危,谓子曰:园中有金。言讫而逝。子翻地寻金,无所得,甚怅然。是年秋,园中葡萄、苹果之属皆大丰收。子始悟父言之理。

要求:以上文为主干,在不违其原意(不增加人物、不改变情节、不横生与中心无关的枝节)的前提下,加以想象、拓展,写出一篇有地点、时间、人物、对话、行动、心理、景物,内容具体、充实的记叙文,字数不得少于 600 字,题目:《寻金记》。

【解析】

审题方面	题目的要求
内容范围	不违背所提供的文字材料的原意(不增加人物、不改变情节、不横生与中心无关的枝节)
中心提示	文字材料所表现的"父言之理"
体裁规定	记叙文

续表

审题方面	题目的要求
写法要求	定向拓展——在不违背文字材料原意的前提下,加以想象、拓展,交代清楚地点、时间、人物等,并要进行对话、行动、心理、景物等描写
字数限制	不得少于600字

（二）立　意

立意就是确立文章的中心思想。"意"是文章的灵魂,文章的纲,它像一根红线,贯穿全篇。文章的选材、剪裁、结构、语言、表达都要以它为依据,受它的制约。因此,我们写文章必须在立意上下功夫。

文章的立意,应该做到以下几点：

1. 要正确。立意正确是最基本的,也是最根本的要求。立意正确,用我们今天的话说,就是要在文章中体现正确的世界观、人生观和价值观,让读者能够受到启发和鼓舞。

2. 要集中。立意的集中,指的是它的单一性,就是一篇文章只能有一个中心,而不能多中心,也不能游离中心。要做到立意纯,要一"意"贯穿全文,纵然行文中有所游离,最终也必须能够回扣题意。

3. 要新颖。立意新颖,是指选择新的材料,写出新的意义,或从平凡的材料中发掘出新的内涵。

4. 要深刻。主题深刻与否,直接关系到作品思想的高低和社会意义的大小,因此,当我们占有了丰富的写作材料后,就应该提炼主题,使主题不断深化。

例如,写人为主的记叙文,要着力于对人物"思想"的发掘,要全力寻找出支配人物一切言行举止的那种思想"最高点",因为只有它才是人物全部活动的内部推动力。还要能揭示出构成这种思想的社会原因。写事的记叙文,则要着力于对事件"思想意义"的探求,要在事件所显示的多方面意义中找出最主要、最动人、最深刻的那一点——代表事件本质的那一点。这样才能够使文章有内涵,有深度。

☞ 典型题解

如果以《他(她)笑了》为题写一篇记叙文,你认为在立意时要注意什么? 可确立怎样的中心?

【解析】 "笑",反映人的心情舒畅;"笑",体现人的性格开朗。文章要通过为什么笑了的具体记叙,以小见大地反映积极的思想观点。"他(她)笑了"可反映战胜困难取得胜利,从而赞颂人物有顽强的意志品格这个中心;"他(她)笑了"可反映在困境中得到关怀,增强勇气,从而歌颂人与人之间真挚友谊这个中心;"他(她)笑了"可反映对客观事物或环境从不了解到了解,从而产生了爱与希望,由此揭示某一客观的真理。总之,"笑"的背后应当有一定的含义,否则一个人上课看笑话书笑了,一个人在路上捡到钱笑了,一个人想到俏皮话挖苦人笑了,这"笑"的格调就不高,书写的价值也不大。

(三) 取　材

取材是指按照一定的写作意图,去寻找材料、获取材料或调动已有的知识、素材,并对它们进行鉴别、挑选和写作上的剪裁,使之能够阐发题意、推动表达的一个写作环节。

写文章需要材料,"巧妇难为无米之炊",没有材料,再高明的人也写不出文章来。材料有两种:

一种叫素材；一种叫题材。素材是作者从生活中搜集和积累起来的原始材料，它们往往是感性的、零碎的、分散的、不系统的。题材是对素材进行选择、加工、提炼，写进文章，用来表现主题的材料。

怎样获取素材，鲁迅先生说"留心各样的事情"，这就要求我们时时做个有心人、细心人。要多看看，用心地观察你周围发生的人和事，养成分析的习惯。不要放过生活中的每一件"小事"，每一个细节。生活的海洋中，随时随地会涌起"闪光"的浪花。正是这些浪花，彰显着个人的特征，闪耀着时代的光辉，并最终汇聚成整个时代的洪流。我们要学会捕捉这些闪光的"浪花"，去认识我们所处的世界。

此外，我们还要进行阅读和积累。因为个人的经历和见识终究是有限的，只有在广阔的人群和知识的海洋里，我们才能知道世界有多大。"水之积也不厚，则其负大舟也无力"，只有在阅读中扩充自己，积累深厚，选用素材才可以达到信手拈来的境界。

搜集材料要"以十当一"，越多越好；运用材料要"以一当十"，越精越好。主题是选材的依据，要围绕主题选用最有代表性的、最能反映事物本质、最能表现主题的材料。如果材料与主题无关,那么无论有多精彩,都应该坚决舍弃。材料还要新颖、有特点,避免一般化,要使读者耳目一新,切实有收获。材料还要合乎现实逻辑和情理,这是人与人之间达成沟通和理解的基础,否则将会失去读者的信任。

📖典型题解

《诤友》这个作文题,要我们写出那些能直言规劝自己的朋友。我们可能想到在生活中有不少对自己直言劝告的人:① 有的是批评自己不上晚自习却偷偷去看电影;② 有的是批评自己骑自行车乱撞;③ 有的是批评自己上课时偷看小说;④ 有的是批评自己平时松松垮垮,一到考试就临时抱佛脚;⑤ 有的是批评自己学习不认真,抄袭同学作业;⑥ 有的是批评自己干吗把约定好不将同学所做的好事说出去却又跟班主任汇报;⑦ 有的说自己申请入团是假积极;⑧ 有的说自己不敢翻墙进校是胆小鬼;⑨ 有的说自己拾到钱包交到政教处是傻瓜蛋……请对以上素材进行分析和提炼,确定符合题意的写作内容。

【解析】 ⑦⑧⑨既不合乎题意,又没有积极意义，可以抛开。前面的几种类型（①～⑥），好像都既合题意，又有积极意义，就应该再加分析。比如汇报同学做好事，除了自己不遵约，倒是表扬做了好事而不留名的"雷锋精神"，这个中心意思与"诤友"的含义有一定距离，也可以抛开。其他几种类型，经过分析和提炼，则都能从不同方面表达"只有直言规劝自己上进的朋友才是真正的朋友"这个中心意思。这样的材料，既切题，又明确，而且有积极意义，写出的文章一般都比较合乎要求。

（四）结　构

所谓"结构"，即文章内部的组织、构造。安排好文章的结构，是为了解决作文言之有序的问题，使全文成为条理分明、层次清楚、首尾一贯的整体。文章的结构安排，要考虑以下几个方面的要求：

1. 段落和层次

段落分明、层次清楚，是作文的起码要求。少数同学写作文不分段，甚至通篇一段到底，应该引起注意。

作文分段，第一要注意段落的单一性和完整性。第二要注意一段中的几个句子的连贯性。第三要注意段落间意思的内在联系，做到"分而为段，合而为篇"。

安排层次，就是考虑先写什么，后写什么。例如，记叙文的层次要符合生活自身的逻辑，有利于展开故事情节，表现人物的思想性格和事件的发展变化，体现思想感情变化过程。经常自觉地模仿、借鉴，灵活运用某些范文安排层次结构的方法，对于提高作文的结构能力，会有很大的帮助。

2. 过渡和照应

过渡在文章中起承上启下的作用，它使相邻的两层意思和段落相互连贯、前后衔接。记叙文中，记叙的时间、地点转换时需要过渡；倒叙、插叙与顺叙的转接处需要过渡。例如鲁迅在《故乡》中由现在写到少年闰土时，这样写道：

> 还有闰土，他每到我家来时，总问起你，很想见你一回面。我已经将你到家的大约日期通知他，他也许就要来了。
>
> 这时候，我的脑里忽然闪出一幅神异的图画来：深蓝的天空中挂着一轮金黄的圆月，下面是海边的沙地，都种着一望无际的碧绿

的西瓜，其间有一个十一二岁的少年，项带银圈，手捏一柄钢叉，向一匹猹尽力的刺去，那猹却将身一扭，反从他的胯下逃走了。

"这时候，我的脑里忽然闪出一幅神异的图画来"就是一句过渡句。

照应，是指前后内容的关照呼应。前面提到的问题，后面要有着落；后面说到的内容，前面要有交代或暗示。对此，俄国作家契诃夫有一句话说得很好："假如在前面写到客厅的墙上挂着一支猎枪，那么这支猎枪在最后一定要射出子弹。"比如史铁生的散文《秋天的怀念》："又是秋天，妹妹推着我去北海看了菊花。黄色的花淡雅，白色的花高洁，紫红色的花热烈而深沉，泼泼洒洒，秋风中正开得烂漫。我懂得母亲没有说完的话。妹妹也懂。我俩在一块儿，要好好儿活……"去北海看菊花是母亲一直以来的愿望，好好儿活是母亲对我说过的话，在结尾再次出现，使史铁生对母亲的悲痛遗憾和他的自我振作都跃然纸上。照应使文章文脉贯通而余味悠长。

3. 开头和结尾

开头和结尾由于处于特殊位置，在结构安排上应引起足够的重视。

　　开头的写法很多，"形象化"的写法多见于记叙文。或描写环境，以引出人物；或抒发感情，以渲染气氛；或讲述故事，以展开情节。比如王愿坚的《党费》这样开头："每逢我领到了津贴费，拿出钱来缴党费的时候；每逢我看着党的小组长接过钱，在我的名字下面填上钱数的时候，我就不由得心里一热，想起了1934年的秋天。"作者以"党费"为中心，融抒发感情、讲述故事于一体，为下文的情节展开做了铺垫。

　　结尾的写法也较多。可以采用画龙点睛、突出中心的写法；也可以虽然言已止，但余味无穷，发人深思。如归有光《项脊轩志》的结尾，"庭有枇杷树，吾妻死之年所手植也，今已亭亭如盖矣"，无一字写内心之痛，然物是人非，思念亡妻之感扑面而来，含蓄深沉，余味悠长。

　　练习拟制写作提纲，是提高结构能力的重要方法。编写提纲，可以帮助我们锻炼思路，有条不紊地表达思想。

☞ **典型题解**

　　下面是习作《考察》中的一个段落，试从"段落内容要单一"这个方面，分析这一段落存在的问题。

老师告诉我们,前面有座小山才是金矿点,前几年地质工作者在那里采到了少量金子。话音刚落,营员一窝蜂向山顶爬去,一个个像是勇敢的"淘金者"。山虽不高,但又陡又滑。我们好不容易上了山顶,可连个金子的影子也没看见。山腰上有个山洞,黑乎乎的。"淘金者"瞬间又变成了"探险家",我们都想进洞看看。嗨,够呛,我记不清当时我们是怎样进去又是怎样出来的。可能是坐着进去,爬着出来的。这次考察,虽没寻到金子,但我们并不为此感到遗憾。因为我们还是青年,还有很多时间可以让我们去探索;同时我们也相信地球是一个巨大的宝库,只要我们掌握了真正的技能,未来就一定能挖掘出宝贝来,去服务我们的国家和人民。

【解析】 这是一个比较长的叙述段落,从内容上分析,它包括三层意思:一是对小山和上山顶的描述,二是进山洞的探险过程,三是对此行的总结和感想。段落内容包括三层意思,自然将它分成三个段落更为恰当,否则就显得芜杂。

（五）语　言

文章的语言必须具备三性：准确性、简洁性、生动性。具体要求：用词贴切，造句恰当，能准确地传情达意；语言简洁明快，态度明朗，不含糊暧昧；行文生动形象，摹貌传神。这"三性"是互相关联、不可分割的，其中准确性是基础。

1. 要选用最恰当的词语。

在小说《药》中，康大叔把人血馒头交给老栓，鲁迅先生这样写道："黑的人便抢过灯笼，一把扯下纸罩，裹了馒头，塞与老栓；一把抓过洋钱，捏一捏，转身去了。"仅用几个动词就把刽子手凶残贪婪的面目刻画得淋漓尽致。

2. 要把句子写得通顺、简洁。

文章是写给人看的，语言应该使人明白易懂。因此在写作过程中，要尽一切努力消灭病句和不合逻辑的语句。如果用词不当，句子成分残缺，语法结构混乱，任意使用方言土语或语言不合逻辑，就会使语言不通，意思不清，甚至造成错误。写作文，一定要把句子写通顺，这是最起码的要求。句子除了通顺，还得简洁。鲁迅写《为了忘却的纪念》,非常讲究文字精练,以少胜多。如下面这段话:"要写下去,在中国的现在,还是没有写处的。年青时读向子期《思旧赋》,很怪他为什么只有寥寥的几行,刚开头却又煞了尾。然而,现在我懂得了。"最后一句话包含了很多意思。懂得了什么?作者没有说,留给读者思考。这是非常精练而又含蓄的语言,既充分表达了作者悲愤的感情,又强烈控诉了反动派的黑暗统治。

3. 要灵活运用修辞手法,句式富于变化。

记叙文的语言对形象化要求最强烈,最好能达到使读者仿佛觉得作者所写的事物的形状和情景就在眼前的境界。要做到这一点,除了观察仔细、想象丰富,还要依靠各种修辞手法的巧妙运用。大家熟悉的比喻、借代、夸张、对偶、排比、拟人等修辞手法,只要用得恰当,就能使语言形象起来,富有艺术感染力。

善于选择恰当的句式,也能使文章传达出不同的情调、语气和画面。如朱自清的《春》:"盼望着,盼望着,东风来了,春天的脚步近了。"这短促的,有节奏感的句式,表达出人们对春天到来的喜悦之情。

☞典型题解

1. 有些文章,孤立地看一个个句子,并无多大毛病,连句成段,却文理不通,不合逻辑。这也是语言不通、逻辑混乱的一个方面。试分析下面一段文字,指出存在的问题。

> 我们营区的驻地是一个美丽富饶的地方,土地肥沃,物产丰富,风光秀丽,景色迷人。春天,繁花似锦,宛如园林。这里土质松软,特别适宜种果树、花生、甘蔗,还有桃子、李子、苹果等。战友们成立了栽培实验小组,培育良种,改良土壤,还大力发展畜牧业,把荒野变成了沃土。教导员说:"人生有两宝,双手和大脑。"可不是嘛? 我们正是靠这两宝,既改善了连队生活,又学到了民用技术。

【解析】 这段话,拆开看,句子没有问题;通读下来,则文理不贯,意思不顺。作者究竟想说什么呢? 是侧重介绍物产丰富,是重点描绘风景优美,还是想谈战士们取得的成绩? 既说驻地"土地肥沃",又说"改良土壤","把荒野变成了沃土",前后自相矛盾。这段话的毛病在于没有理顺思路，落笔时究竟要写什么，没有想清楚。

2. 下面是习作《课间十分钟》里的句子，试从语言表达要准确、简洁、生动等角度来分析这段话存在的问题，并加以修改。

> 球场上，同学们正玩得热和。小足球被张超一脚踢到了空中，还没有落到地上，又被王海踢了一脚，猛又升了起来。

【解析】　"热和"是生造的词语，而且表达不出热烈的场面，改为"热火朝天"就准确了。既说"踢到空中"，当然是用脚踢的，而且下文还有个"一脚"，为求简练，删去第一个"一脚"，第二个"踢"改为"补"字，这样不仅避免了前后用词重复，而且把踢足球的过程和时机表现了出来。"升"可改为"飞"，更形象生动。

二、常见文体写作常识

（一）记叙文

记叙文是以记叙、描写为主要表达方式，以写人、记事、状物为主要内容的一种文体。它的应用非常广泛，因此，从写作角度看，记叙文的写作是其他文体写作的基础。

人物、事件、时间、地点、原因、结果是记叙文的六要素。因"原因""结果"都从属于"事件"，所以也可以说记叙文的要素是四个。

记叙文的记叙方法有顺叙（按人物成长过程或事件发生、发展、结局的先后顺序进行叙述）、倒叙（把事件的结果提到前面叙述，然后再从事件的开头进行叙述）、插叙（在写人或记事过程中，中断原先的叙述，插入另一段叙述，然后再继续原先的叙述）。

记叙文的结构方式主要有三种：纵式、横式、纵横式。纵式是根据时间的先后安排结构；横式是以空间的转移或事件性质的分类安排结构；纵横式是介于上述两种结构之间的结构。

1. 写　人

写人，可写一个人、两三个人，甚至一个家庭。可以写一个人的几个片段，也可写一个人的一生。所写的人和事要符合现实生活的逻辑和情理。写人的记叙文贵在"真"，以"真"动情，以"真"感人。

写人的记叙文要重视描写，不能满足于一般的叙述。方法有肖像描写、语言描写、行动描写、心理描写、细节描写。选择哪一种或哪几种，根据内容表达的需要而定。

下面举例说明：

父亲和他的栀子花

兰斯远

小时候，父亲给我讲他的家乡，山上有大片大片的栀子花，很香。于是，我对栀子花的第一印象就是香。每至夏天，父亲就把一朵栀子花折下来，用细绳系在空调的叶片上。这样，屋子里很快就变得凉爽而芬芳。

他说，百花之中他最爱栀子花。

　　后来长大了些，读的书也多了，或多或少对栀子花有了一些了解。栀子花，白净净的，透出纯洁和优雅，似是文雅之人青睐之物。但我所认识的文雅之士，凡提及栀子花，都会失望地摇摇头，说："栀子花花型美丽，色泽如雪，但香气太盛，有失稳重。"在他们眼中，栀子花是江南的女子，却涂了太多的胭脂，香气凌人，反倒显得俗气了。书中所言泛泛与此不尽相同，但始终绕不开一个"俗"字。我眼前浮现出父亲与菜贩为了一两毛钱吵得不可开交的情景，想起他总喜欢赤着脚丫走路，想起他不断抱怨邻里间鸡毛蒜皮般的过失。原来我的父亲也是个彻头彻尾的俗人。我把这番道理告诉他，他只是毫不在意地回答道："你不要胡说。"

　　父亲的最爱是栀子花，这是不能改变的事实。

　　栀子花不知人情世故，依旧是那么香，也是事实。

　　那时的我，书虽然读了不少，但没有自己思考的能力，于是渐渐地对栀子花产生了"俗"的偏见。当路边有盛开的栀子花时，我总会情不自禁地绕开。

　　同时，我似乎对父亲也产生了同样的偏见。

　　小学毕业后，我和父母分居两地，独自到南京

"求学"。想到能和父亲这样的"俗人"分开，我心中竟有一丝喜悦。

直到我得到一本汪曾祺的《人间草木》。

"栀子花粗粗大大，又香得掸都掸不开，于是为文雅人不取，以为品格不高。栀子花说：'我就是要这样香，香得痛痛快快，你们管得着吗！'"

读着这些文字，我便想到我的父亲，不禁会心一笑，而咧开的嘴角，却又在脸上不自然地僵住了。

汪曾祺笔下的栀子花，的确是俗的，但它俗出了气质，俗出了精神。"香得痛痛快快"，莫不是一种品格的坚守，一种超然的洒脱吗？中国人祖祖辈辈视雅为尊，但也从未视俗为耻。俗，亦是生活的一种境界。我再次想到我的父亲。他和菜贩争吵后找出了菜贩缺斤少两的小伎俩，把菜贩赶出了菜市场；他赤脚走路从未误伤花花草草；他抱怨完邻居转身就能和他们兄弟一般大摆龙门阵（四川方言，意为聊天）。这个从四川的小山沟里走出来的俗人，将一个"俗"字演绎至今，那是土地对他最大的馈赠，那是乡下人对本分的坚守，那是将伴其一生的无可替代的个性。我突然感觉，这些年的所见所闻，在此刻静止成一幅画——父亲站在一片栀子花丛中,他的人格像花一样洁白,散发着芬芳——就这么无可涂改地置于眼前。

人人都在说:"不忘初心,方得始终。"却很少有人知道下一句,"初心易得,始终难守"。若说俗便是父亲那份初心,那将这份初心坚守始终,可能就是他自己也未曾知晓的人生信条吧。从父亲的身上,我看到千千万万俗人的影子,凝聚成超现实的巨人模样,一步一个脚印地推着中国这个古老的国家在历史的大道上缓慢但从未停止地前进着。

我不敢说自己是不是俗人,也不敢断定身边的人是不是俗人。我只知道,在这个吵得人分不清东西南北的世界里,我们手里所持有的干干净净的初衷,不多了。握好了,别丢了,明天还要赶很远的路。

[简评]

父亲是我们身边朝夕相伴最重要的人之一,语言、动作、肖像可描写得不知凡几,可是正因为多,反倒日常繁杂,反倒无从下笔,好像无论怎么写都落了下乘,都无法传达出内心的情韵。这篇文章另辟蹊径,将父亲与栀子花联系起来,栀子花成了父亲精神的象征。栀子花香得痛痛快快,正如同父亲俗得生机勃勃。

　　理解父亲，栀子花是媒介；理解中国文化，父亲又是媒介。正是无数像父亲这样纯粹而又直爽的俗人，才将中国文化缓慢推进，生生不息。栀子花、父亲和中国文化三位一体，构成了以"俗"为核心的直率、坦荡、热烈的生命图景，从而使文章上升到了文化的高度。

借感恩以陪伴

钱　睿

　　外出的游子总借着中秋、元旦这样的节日回家，无心的儿女总待到母亲节才会来探望。总要等一些借口，来说一些不敢说的话，感恩一些无法偿还的人。

　　看到了身边许多同学，似乎和父母关系很僵，每天黑着一张脸到班上，放学又摆着一张灰脸回家。我倒庆幸我有一个可以一起开心、一起哭闹的老妈。我们之间点点滴滴的联系，即使我住了校，也未曾断绝。我们喜欢挑一个没事的晚上，抛开所有堆积的事情，打一通长长的电话，讲讲今天好玩的事，谈谈自己的疑惑。我坐在宿舍的床上，整理我的书，妈妈在明亮的家里，扫去一天的疲惫。我在这头悄悄透露一些班上的小秘密，她在那头憋着笑，偶尔接一两句让我无语的话，我一脸无奈，她一脸欢乐。

每每挂了电话，总是到了熄灯的时候。时间匆匆，在我俩的欢笑声中消散。舍友总是很吃惊，我是怎么和妈妈聊那么久的。

周六上午仍是有课的，中午才放学。妈妈总在校门口等我，我俩肩并肩地走着，陪她逛上一两个小时。我们吃着一样的小吃，她的是抹茶味，我的是芒果味。我们喝着麦当劳的半价饮料，搅着未融化的冰淇淋。我们同时看上同一件衣服，又同时为那件衣服的价格翻白眼。累了，找一家有格调的小店坐下来，谈谈我读的书，她看的文。作业早在周五写完了，便有空余的时间去南京的各个角落，从日出到日暮。

我俩喜欢在紫金山上溜达，看紫金山的叶子吐绿又归根。看中山门大街上梧桐叶纷飞，看栖霞山的火红消退。我在明城墙的石缝中发现一株极其俊美的草木，妈妈赶紧翻出手机来拍照。她在繁杂的树丛中翻到一片明艳的落叶，我兴奋地拾起，夹在随身带着的书中，又蹦又跳。我在南博的小店寻到一卷小清新的胶带，她爽快地帮我买下。一天就这样安安静静地溜走。傍晚，我总爱坐在宽宽的路头的石墩子上，向夕阳挥挥手说再见。转身又见长长的路上亮了灯，大地璀璨如白昼。在路边高楼下的小摊子上买一包糖炒板栗，在并不平稳的地铁上靠头小憩。

回家总要撸撸猫，弄弄花草，理理屋子。我总把老妈放在我床上的一堆衣服原封不动地搬到她床上，俩人笑着闹着叠好干净的衣服，互道晚安便安稳地睡了。

"妈，没关系啦，我大了，可以自己做了。"

"嗯嗯，有事要来找我哦，我一直在你身后。"

我从来不过母亲节，每年，每月，每周，每天，我都在陪她，陪着我的妈妈。陪她，从日出到日落，从花开到花落。我清楚她每一件衣服，她知道我每一幅画。彼此，已是生活的点滴。

今天，下午有长长的课。妈妈早早地有事出去，我自己整理好返校的行李，拖着去上课。没想到下课的时候在教室门外看见了妈妈，她安静地看着我，轻轻抱住。突然发现，妈妈比我矮了些许。我抚着她的背，很安静。这一幕羡煞了其他阿姨。

母亲节，行人借陪伴的一天来感恩，我借每天的感恩来还长久的陪伴。

[简评]

本文是一篇美文,文字美,感情美。

当"叛逆、代沟、青春期"成为横亘在中学生与父母之间的坚硬石头,本文以自己和母亲的美好关系为我们展示了母女之间的另一种美好模样。原来母亲不只是操劳的母亲,也可以是拥有和女儿一样少女心的姐妹;女儿也不只是被呵护的女儿,可以是和母亲一起相知的朋友,可以用自己不甚有力的手掌给母亲理解和关怀。

母亲节从来不是谁的特定节日,父母和孩子应是爱意弥漫在每一天长长久久的陪伴里,这是这篇文章给我们的启示。

春风长者

葛嘉琪

"春风长者"一词最早是用来形容胡适的。但在这里,我想用它来形容我的素描老师。

记忆里第一次见他时他便是那个样子。细框眼镜架在鼻梁上,镜片后是一双总眯着笑的眼睛,牵动着几丝笑纹,将漾在眉间的笑意一点点晕开。

他蓄着胡须，也不知是有意为之，抑或是疏于打理。开口是浅慢清朗的调子，让人如沐春风。

满打满算来说，我学画快十年了，但真正以绘画为一件十分重要且须耐下性子去做的细活，是从他教我时起，约莫十岁吧。那时候抱着画板都嫌吃力，我对着眼前的瓶罐水果很是不耐烦。我画得并不好，又是跳级学画，班里的学长学姐在我看来都是作画一笔挥就的厉害人物。故而心里便不大静，匆匆打完初稿便支着下巴看一旁的大姐姐画明暗。瞥见老师望过来的眼神再匆匆低头胡乱添上几笔。这样的作业交了几次，我被叫过去谈话了。心里不安得很，我忐忑地低头绞着衣角，不敢看他。他低头看着我——一个顽劣的小姑娘——用那副好听的、清朗的嗓子轻轻道：

"初稿画得很好呀，为什么不坚持画完呢？"

那一次我的画稿被他作为优秀作业贴在楼下的画廊里。下一次上课经过那儿时，我感觉一种奇异的温度从左胸口汩汩流出，一下又一下地激荡着，迫着我向前。

后来我在他那儿一学便是四年。每一张作业，无论是好是坏我都舍不得丢，就为了他在下面写的那几句评语。字迹挺拔清秀，一如其人。

最后那半年，一直画得还算稳定的我似乎入了死胡同。他发现我近乎执着地从人像的面部阴影画起，甚至丢弃了整体的明暗效果。他委婉地和我说了几次，屡不见起色后我们整个班大张旗鼓地放弃人像从几何石膏体重新画起。那确实是重练基本功的好法子。因感念他为我一人所倾注的心血，甚至改变教学进程的做法，我几乎是逼着自己用最认真的笔调画下每一笔，只为了他评语中的"起色"二字。

初三忙于学业停了这一项课程，我不见他已快有一年了。恍然间想起他的样子，那清朗的声声犹在耳畔。

胡适在北大教学期间多次举荐人才，培养了极多的青年才俊，故曰"春风长者"。我的这位老师又何尝不是呢？若不是他，何以有我对绘画最初的一份执着与投入，又如何有如今我可以下笔勾勒出心中的风景？说启蒙绝不为过。

千里马常有，伯乐到底是难求。

[简评]

本文的标题极好，"春风长者"，取自民国时形容胡适的话，既显示了作者的文化积累，又与本文的写作对象极为贴合，由此我们可以见出标题的作用。好的标题之于文章，如同眼睛之于画龙，可以使之神思飞扬。

在表达上，作者以自己的回忆、内心感受贯穿故事，语言真诚温润，如同与人倾诉；偶尔加入的对话和对事件的描述，又使文章有了生动的血肉。叙事又写情，写人又写己，使得这篇文章真切可感，既是对老师的赞美，又有成长的味道。

"阿弥陀佛"外婆与"阿门"奶奶

施　怿

小时候，我一直把奶奶叫作"阿门"奶奶，而把外婆叫作"阿弥陀佛"外婆。这主要是奶奶信上帝，一天到晚"上帝保佑，阿门"，外婆则信菩萨，成天的"阿弥陀佛"。

从我懂事起，两位长辈就开始按各自的思想教育我。奶奶总是一手擎着一个十字架，一手拿着一本《圣经》，给我讲"上帝赐福于人"；而外婆呢，一边教我数那串又大又粗的珠珠，一边跟我说什么"菩萨面慈心善"。那时，我还不怎么明白，只是模糊地感到外婆念起经来，像唱山歌一样好听，而奶奶那又小又精致的十字架倒是相当好看。

　　等我渐渐大了,才明白原来奶奶和外婆信奉的是不同的宗教,但都是自己心灵的一种寄托。

　　我十五岁了,奶奶和外婆就开始劝我应该信教了。奶奶自然希望我能接她的班,外婆也想让我跟着她"唱山歌"。还是奶奶动作快,一个星期天的早晨,奶奶不由分说地拖起睡得迷迷糊糊的我,说是去教堂做弥撒。一听到"教堂",我脑中马上想到电影中当当当响的大钟,穿着大袍子的神父,和那些虔诚祈祷的教徒。一进教堂,就发现现实中的教堂远不如电影中的。面前百来个教徒跪在长凳上,双手紧握,口中念念有词;正中有一个像小房子的"圣地",神父领着一帮人一会儿摇铃,一会儿朗诵,一会儿又是提蜡烛。我觉得实在乏味,便偷偷地走开,闯到楼上一间小阁楼里,没想到里面是个"唱经班",领头的也不问我是谁,就递给我一颗桉叶糖和一本经书,我也就口含桉叶糖,稀里糊涂地随着电子琴,唱起了稀奇古怪的"经歌"。也不知唱了多久,我感到没意思,又偷偷溜了。等我跑下来,奶奶却还跪着。我只好也跟着奶奶跪着。出了教堂,我总算明白上帝也不是容易信的。

　　回到家,我早把奶奶的秘密忠告忘得一干二净,把教堂里的所见所闻统统告诉外婆。外婆一听,就不高兴了，马上领着我风尘仆仆赶到庙里。"笃笃"作响的木鱼，光头的和尚和烧香磕头的信徒，庙里和教堂没什么大区别。和尚们在木鱼有节奏的伴奏下，唱起了"山歌"，我和外婆也有节奏地拜了又拜，磕了又磕，而整个庙里，到处香烟缭绕。

等我跟外婆一起昏沉沉回到家里，奶奶早已"恭候大驾"了。奶奶和外婆坐定后，几乎同时问我："你究竟信什么？"看着这场面，什么都不想信的我，终于想出了一句好词儿："哦，上帝保佑您，亲爱的奶奶。菩萨赐福您，敬爱的外婆。"我的"阿弥陀佛"外婆和"阿门"奶奶都笑了，我也笑了。

[简评]

这篇文章特别幽默风趣，小作者将信仰基督教的奶奶称为"阿门"奶奶，将信仰菩萨的外婆称为"阿弥陀佛"外婆，令人不禁莞尔。所谓宗教，在小孩子的童心童语中，褪去了严肃的色彩，而具有了如外号一般的调侃意味，这是第一重比较。奶奶、外婆信仰的虔诚和劝我信教的"郑重"，以及我的玩耍心态和对宗教场合的去魅，这是第二重比较。这两重比较构成了这篇文章的叙述动力，更加凸显了奶奶、外婆以及我的性格特征，使文章既生动又形象又自然。这就是选材的魅力，它能让故事自动生长。

　　文章的结尾也特别有趣,面对奶奶、外婆的质问,我的回答真是太妙了,"哦,上帝保佑您,亲爱的奶奶。菩萨赐福您,敬爱的外婆"。分歧在爱中消散。家人的身体健康、互相爱护、各自尊重不就是最棒的事情吗?

2. 记　事

　　记事,可以记一件简单事情的完整过程,也可以记情节曲折、时间推移、场地变换较频繁的复杂事件。以事件贯穿全文,围绕事件的发展交代时间、地点以及与事件有关的人物及其活动。事件的重要部分要详写,其他则略写。

　　记事记叙文中的描写有景物描写、场面描写。对事件中的人,则写人的各种描写方法照用。

　　下面举例说明:

其实很美

徐志凌

　　我赶着去看落日,风在耳边呼啸。

　　这可不是一般的落日哟!我要去九曲十八弯

的顶上看,据说照片拍得巧,画面里会蹦出十个金灿灿的太阳,每一个拖长了的尾巴,连着下一个的脑袋,那一定很美丽。

我很急。

我不屑于瞧前人精心摆好角度拍到的"十日"照片,我要自己去看一看。我坚信我的运气足够好,根本用不着苦苦守候一下午才换来一张胶片底片。

消耗一次运气就能看到我特别想看的最美的落日,这多划算!然而——

然而我的运气似乎并不怎么好,车队刚挤出稠密的人群又被警察拦住检查证件,再过每一道关卡,车轮"吱——"地刹住,又缓缓启动,如此往复,本来出发就晚了,我们又耗费了近一个时辰,太阳也在耗费着时间。

它就要沉下去了,在更猛烈地咆哮。

我突然生自己的气,莫名其妙的这一切都不那么美了。看看这布满沙砾的荒芜的戈壁!看看这单调乏味幽蓝无云的天空!看看这燥热得令人气愤的旋风,还有那个竟然不等我执意要沉下去的太阳!

我命令你停下!我仿佛看到太阳金灿灿的大

脸上滑过一丝冷笑,模样怪异而丑陋,我隐约明白是带有功利性的目的超越了我心中对美的向往,可倔强冲昏了我的头脑。

到站的前一霎,我等不及车停稳,便甩开车门,三步并两步地冲向观景台,辗转腾挪,汹涌的人流拍打起浪花,我就是那急流勇进的小舟!近了,站稳,举起相机——光线消失了。朦胧的、美丽的、金光灿灿的、动人心魄的圆盘,破碎在夜幕里。

许久,或许是一瞬,夜携着寒意逼近,我仍苦笑着,却清醒了,转身——

我记得那个美妙的转身,记得转身后眼里涌出的泪水,记得转身后看见的一轮圆月,月亮正划着脸蛋羞我,我是多么年轻又多么傻呀!最美的不一定是刻意的风景,熬到最后的人永远不缺冷静的内心,塞翁失马往往要具备豁达与乐观,这又何尝不是一种淡定从容呢?

同伴挥着相机冲我走来,嚷道:“今天咱运气真背,这太阳太不给面子了,落偏了,连‘三日’都没有,还是那些拍到‘十日’的人幸运啊!”我笑了笑,回答他:“依我看,看着就足够了,其实挺美的。”他撇嘴:“你心真大!”

回去的路上，没有一朵云，满天星光灿烂，真好。想想下午幽蓝无云的天空，其实也挺美的。

[简评]

这篇文章的叙事线索是看落日，情节随"我"看落日的过程和心理活动展开，条理清晰，并且心理活动的描写让读者极具代入感。"我赶着去看落日""我突然生自己的气""我命令你停下！""我是多么年轻又多么傻呀！"多么可爱又真实的心理描写。并且作者展现的心理变化，从赶着去看落日到沮丧到发现当下的美，使文章具有了哲学意味。

作者对事件的描写既详略得当，又充满了童真的趣味和真切的表达，非常具有语言美。

喜　丧

马可欣

还是我在上小学的时候，某天上午突然被妈妈从学校接走。

我们坐上了爸爸开来的车，向远离城市的方向驶去。"妈妈，我们去哪？""回老家……公公昨天晚上走了。"饶是不懂世事的我也有了一点失落，我想了想，公公也才六十出头。车上很静，一路无语。

妈妈的老家在一个偏僻的小农村,不宽的马路上延伸出的一条田野小路就是村子的入口,有种与世隔绝的感觉。刚下车,我就听到了唢呐声歇斯底里地从村子深处传来。"快走快走!"妈妈推着我向前跑,像是在赶着什么仪式。

唢呐声越来越响,逐渐霸占了我的一切感官,像是陷入了嘈杂的梦境,变了样的公公家显得虚幻而不真实——原本宽敞的大院子里架起了几个简易的白色小棚子,棚子里有一张桌子……一片红色遮住了我的视线,妈妈把一个红布条放在我头上,绕圈打了一个结,我没看到我当时的样子,但是我觉得应该就是黄土高原上打腰鼓的汉子的模样,滑稽,而四周的人也全是这种滑稽的打扮,有些女士戴上了用白布束起的大白花,直愣愣地杵在头顶,随着她们的笑在唢呐声里一晃一晃。当我反应过来时,我已被一只有力的手推到了桌子前横着的一条长凳上,"磕头磕头!"我跪在长凳上想回头看,却又被那只手按住了肩膀向下压,"磕头磕头!"我磕了一个,又磕了一个,再一个,总共三下,那只手才松开。来磕头的人络绎不绝,好像一个村子的人都来了一趟,他们笑,我听见他们说,断断续续的:"骑三轮车……前后又没人……

才六十多……""哈哈哈……"笑声淹没在唢呐声里。

"发什么愣,走了。"妈妈也换上了和这一群人一样的笑脸,把我推进了人群。这队伍浩浩荡荡,前后有二十多米,第一个人趾高气扬地鼓着腮帮吹唢呐,颇有"曲儿小,腔儿大""全仗你抬声价"的大面子,引得全村男女老少出门观看。我的脚步有点发飘,仿佛置身于光荣的游行队,丧礼啊气派。

夜幕落在田野上,三大桌酒菜下肚,院子里自动空出了一大片空地,所有人搬了板凳,抓了一把瓜子坐在院子里,在喝彩声中院子里开始了表演。开场戏是唱歌,男人粗放的歌声从扩音喇叭里直直地射出来,堵上耳朵也无处遁形。"好!"人群中响起热烈的掌声,像是要传到马路上甚至更远。夜已深,我昏昏欲睡,但是观众的热情并没有消减,我半睁着眼睛,模模糊糊中,我看见明亮的火圈映照着所有人笑得发油的脸。我的眼皮逐渐耷下去,笑脸拉伸、扭曲,如梦魇一般,我的身体沉下去,沉下去。不知道表演闹到几时,但是它让全镇子的人都知道有一家办了丧事的目的无疑已经达到了。

　　第二天中午，我和爸爸将要离开。"去给公公磕个头。"妈妈声音很小，一夜之间憔悴了许多。正屋用门帘虚掩着，脚下摆着一个烧纸的盆子，已经积了厚厚一层纸灰了。跪着的婆婆，正扶着桌子哭，这哭声压抑而沉重，一时间让所有的嘈杂都消失了。我跪在盆边，抬头，看到了公公的照片被放在一个黑色大框里面，大框放在桌子中间，前面摆着一个四四方方的盒子，我知道那是公公的骨灰盒。婆婆还在哭，声音颤抖地嘶哑着，我至今还记得那种撕心般的痛苦，是失去深爱之人的真情。

　　我现在知道了，所谓"喜丧"，是老祖宗留下来的传统，自孔子时期就有了，"人家之有丧，哀事也，方追悼之不暇，何有于喜。而俗有所谓喜丧者，则以死者之福寿兼备为可喜也"。可公公才六十出头，更不是家里最年长者。

　　那轰动三天的喜丧，虚浮在各种仪式上的笑。

　　赢了面子，输了真情。

　　[简评]

　　这是一篇写事的记叙文，内容是丧礼。十几岁的年纪，可作者的笔力却冷峻、老道、讽刺，一场丧事呈现了如鲁迅笔下旧中国鲁镇的荒诞冷酷模样，她甚至对母亲都毫不客气：

"'发什么愣，走了。'妈妈也换上了和这一群人一样的笑脸，把我推进了人群。"

如此冷峻的批判，来自对生活锐利的观察和深刻的思考。同时这篇文章在结构上形成了前后对比。前文丧事的热闹滑稽和后文亲人独处时的隐泣憔悴，让我们看到丧事背后亲人真实的悲痛。文章也因此不止步于批判，而具有了理解与共情的温厚力量。

真实地观察人生，准确地描摹世相，不虚美，不隐恶，是我们从这篇文章里得到的启示。

钱包与支付

顾琳珺

十月，赶集的日子。

刚下了乡村马自达，集市上的热闹气息便扑面而来。编花篮的、卖草帽的、做镰刀的、卖小孩子都爱的水晶弹球的，吆喝声、讨价还价声，此起彼伏，交织在一起，编成一张大网，笼住了整个集市。

集市的前几个摊位是做生意的风水宝地。这不，一抬头，正见着一个肩上搭条毛巾的大汉忙得热火朝天。虽然是秋风送爽,他头上的汗珠却似他卖的香樟佛珠那么大——毫不留情地从他粗糙的皮肤里冒出,又毫不留情地沾湿了汗衫。顾客一多,大汉便显得手忙脚乱起来。没过一会儿,他就干脆拿出了一个大喇叭,招呼着聚在他摊位前摸摸这个项链、看看那个手带的顾客,移动支付的二维码被他用大铁夹高高地夹在板车车杆上。

踮脚看商品的,伸脖子望店铺的,挥手大呼小孩名字的……我紧紧牵住外公外婆的手,艰难地从人缝中挤过。

这里——我们的右手边,是摆满一整个三轮车的山野菊。深橙似烈焰,纯白似冬雪,梅紫似晚霞,青绿的三两根,用彩色细线精巧地捆在一起,像灵动的仙子。

正正好,我有一颗爱花的心。

满车山野菊后面,是一张年近七十的老太太的脸。齐耳短发,半黑半白,用黑色发卡轻轻别在耳后,一身老年人标配的大花衫。

"一把十块。"她见我打量她的山野菊好久了。

我松开外公的手,去裤兜里掏手机。

"老板娘,怎么付? 微信,还是支付宝?"真奇怪,这么多摊位,就她的没摆二维码。

老太太顿了一下，慢慢地从大包里掏出一个二维码，能看得出，她是不情愿的。我刚举起手机，她就立马把拿着二维码的手缩了回去。

"那个，姑娘，"她脸上努力挤出一点笑容，"能付现金不？"

见我一脸惊讶，邻摊的大妈走来拍拍我的肩。

"那个二维码呀，是他儿子的微信，扫了码，钱就进不了老太太的衣兜啦。"

霎时，像是有什么牵扯住了我的神经，我也不知到底是什么滋味，只是心头紧绷。

可是，我身上哪有什么零钱？

"我有。"外婆一眼看出了我的心思。她连忙从包里翻出钱包来。她的钱包分工很明确：大点的皮包装纸币，小布包放硬币。她先从皮包里抽出一张皱巴巴的五元，又小心翼翼地从小布包里数出五个"大头"递给老太太。

"哎，这年头，手机可欺负人了。"外公转头看向我，"上次，你姑爷爷急性尿毒症，我们想赶去医院，站路口等了半天，一辆出租车都不停，后来才知道原来那些车早就被别人用手机预约了。"外婆也记忆如泉涌般："好不容易停了一辆，结果那师傅居然没零钱找。"

嘈杂的人声似一双强劲有力的大手,引着我们在人流中穿梭。

"嗨,大爷!"一个中年男人的声音在我耳边迸开,"这是您的二维码吧,头像是你闺女?"

闻声,我惊得抬起头,也想一看究竟。

"我的,我的。"一个中年妇女,尖着嗓子,"扫好了就行!"

"哎,这我儿媳妇。"大爷听到她的声音,连连点头,嘴角的弧度咧得有些许尴尬。

那中年男人愣了愣,没敢多问,扫码付了钱,就拎着袋子快速消失在了人海中。

"爸,你今天真不错嘞! 看咱都赚了快两百块了。"那妇女惊喜地举起手机,昂着头,眯缝着眼,仔细"欣赏"着屏幕中的"收款提醒"。

老头一句话也没说,只是笑。

似乎也不是笑——我分明看见他的双眼正氤氲开一层失望的薄雾。

暗淡,暗淡。

夕阳斜洒,秋风拂过每一寸土地,弄得原本摇摇欲坠的树叶与枯枝干摩擦得沙沙作响,该收摊了。

我的手机原本充足了钱,可是一天下来一分

也没少。

外婆的钱包倒是瘪了很多。

[简评]

这是一篇引人深思的记事文章，写出了老人在二维码面前的无奈。在传统社会中，老人本是经验的代表，是儿女的庇护，是"家有一老，如有一宝"，可是现代科技的飞速发展，使得老人的经验迅速落伍，而年轻人借助青春与科技弯道超车，徒留老人一个远去的背影。

这篇文章里，我在人群里紧紧握住外公外婆的手，一分没少的手机钱包，是作者的孝道、共情和善良。同时也让我们思考，在先进的现在以及未来社会里，我们应该做些什么，才能让辛劳了一辈子的老人，依旧能够活得有尊严，活得适意。

作者的语言表达，既有灵动诗意，又有锐利畅达，值得我们学习。

哭

崔　琦

班主任家的狗死了。

四十来岁的中年女人感情异常丰富，在和我

们一群小学生说起这件事的时候，眼眶忽地就红了，竟至于流下泪来。她的脸埋进手里，肩膀一起一伏地抽动着，站在讲台上哭得动情，却弄得我们面面相觑，大气也不敢出。教室里安静得只能听见班主任悲伤满溢的呜咽声。

一阵穿堂风不合时宜地把我的笔吹落在地，发出突兀的啪的一声脆响。我慌张地弯下腰拾起笔，再抬起头时迎面对上班长直直的目光，那灼热的眼神里充满责备。接着，意料之外的事情发生了，班长扯着嗓子哭了起来，伤心得像是自家的狗也死了一样。我小心翼翼地向同桌投去询问的目光，他只是惊讶地回望着我，一脸茫然。

班长的哭声飘荡了二十秒，副班长的抽泣声也加入进来。放大、放大、再放大，很好地控制在了稍逊于班长的响度，二人的哭声像拧成一股绳的两根线，把同学们的心勒得喘不过气，于是学习委员也扑通一声伏在桌面上失声痛哭起来。文艺委员更是抽出手绢，颤抖着捂住口鼻，学着班主任的样子抖动着瘦弱的肩膀，劳动委员和体育委员也没有落下，一对同桌抱在一起号啕大哭，哭声震得吊灯都晃动起来，班干部此起彼伏的哭声很快感染了全班。一时间，我的耳朵里灌满了各种各样的哭声，有高有低，有急有缓，就好像装了一千个婴儿的瓶子在我耳道里猛地打破了一般，很快教室里只剩我一个人抬头挺胸地抱臂坐正，就连我的同桌也俯下身把脸埋在了胳膊里。

阳光从窗外射进来，把班主任的脸融进了一片柔和的阴影里。我看不见她的脸，却隐隐约约地感觉她在注视着我，并且这种感觉越来越强，越来越强，直到我害怕地弯下腰去，用手捂住眼睛。我的眼前一片黑暗，跳动过快的心脏逐渐在胸腔里安分下来，心中的惊慌也一点点地消散，我就这样静静地趴着，趴了很久，直到老师开口，止住了我们的哭声，开始上课。

窗外的阳光格外夺目，我却冷得瑟瑟发抖，像是和同学们一起被浸泡在悲伤味的冰水里，被冻得无法呼吸，却感受不到一丝一毫的难过，可当我放下捂住眼睛的手时却发现，手掌心不知何时湿了一片。

[简评]

这篇文章面对的是一个思辨性很强的题目——"我们所处的时代比以往任何时候更加包容，然而特立独行需要承受压力，在群体中我们会不知不觉地把自己塑造成他人希望的样子，甚至抛弃是非去换取归属感"。对此,作者没有使用常见的议论式写法,而是用一个故事将这个论题展开,写出了群体中的意志压迫,个人保持思想独立的艰难。整个事件是荒谬的,透露出讽刺意味。

2012年莫言获得了诺贝尔文学奖,他获奖时的演讲主题是《讲故事的人》,里面有这样一句话:"当众人都哭时,应该允许有的人不哭。当哭成为一种表演时,更应该允许有的人不哭。"或许本文作者是从这里得到启发,也未可知。

3. 状　物

这里所说的状物记叙文,类似论述类说明文。它多半记述某个物件或某个住所,如一件工艺品、一处园林、一座建筑等。可运用比喻、拟人、对比等修辞手法,把某物的特征写得形象生动。

下面举例说明:

阴阴夏木啭黄鹂

段　钰

"阴阴夏木啭黄鹂"是诗人王维赞美黄鹂的名句。夏日的北京,风和日丽,茂密的树丛中,黄鹂们你唱我和,追逐嬉戏,金黄的羽体穿梭于绿荫之间,犹如金光一闪,转瞬即逝;又忽儿一伙黄鹂展翅高飞,绿叶浓荫间星星点点,宛如鲜黄的节日礼花,艳丽悦目。这是多么美的景致啊,它如诗、如画,令人陶醉。

黄鹂,也就是古诗"打起黄莺儿,莫教枝上啼"中的黄莺,又称作黄鸟。因为它的羽毛金黄鲜艳,还被人誉为"金衣公子"。

黄鹂属雀形目,黄鹂科。它体型小巧,羽毛主要是金黄色,两翅及尾部呈黑色,在头部通过眼睛的地方有一条宽阔的黑纹,好像镶嵌了一条黑边,黄黑相间,斑斓绚丽,真个是"金羽修眉墨染翎"。再配上红色的眼睛,粉色的嘴,铅蓝色的脚,看上去灿烂奇丽,十分逗人喜爱。

黄鹂的叫声也非常好听,如行云,似流水,婉转而富有韵律,所以黄鹂被称作黑管吹奏手。它的叫声不但美妙,而且多变,平时常作"嘎——嘎"的单声;有时又好似唱着"快——来——买——山——药哟";有时像连珠般的"快来坐飞机——"的声音;有时发出尖厉的似老猫的"阿——儿——"的叫声,真算得上一位全能的歌唱家,用"最好声音最好听,似调歌舌更叮咛"来形容它的歌声,实在是不过分的。

黄鹂还是著名的益鸟，它啄食害虫，为农林除害，是人类的朋友。那些危害森林、灌木的虫子，如梨星毛虫、松毛虫、尺蠖、金龟子、蝉等全是黄鹂捕食的对象。尤其是在雏鸟孵出后，母鸟更是四处寻找害虫，大量捕获害虫喂雏。鸟类学家们曾于5～9月间在河北昌黎解剖了45只黄鹂，发现它们胃里昆虫占95.17％，而且绝大多数是害虫。可见黄鹂是消灭害虫的英雄。

黄鹂体态优美，擅长歌咏，又能捕食害虫，是鸟中的德才兼备者，也是历代文人墨客歌咏的对象。杜甫的"两个黄鹂鸣翠柳，一行白鹭上青天"，王维的"漠漠水田飞白鹭，阴阴夏木啭黄鹂"早已成为脍炙人口的名句。白居易的"几处早莺争暖树，谁家新燕筑新泥"，韦应物的"独怜幽草涧边生，上有黄鹂深树鸣"以及杜牧的"千里莺啼绿映红，水村山郭酒旗风"，这些优美的诗句，更说明了大自然的美好是与黄鹂的映衬分不开的。

黄鹂，真是造物的美丽精灵啊！

[简评]

本文是一篇关于黄鹂的说明性记叙文，可是却丝毫不显枯燥，反而文意盎然，条理清楚，颇具趣味。

引用、比喻、拟人等修辞手法的使用，增添了文章的文学性，如"阴阴夏木啭黄鹂"，"打起黄莺儿，莫教枝上啼"，"（黄鹂）是鸟中的德才兼备者"等语言表达，颇具雅趣。对黄鹂特征的准确描述，如"黄鹂属雀形目，黄鹂科……"使文章具备了科学语言的准确性、权威性。文章以段落为单位来描述黄鹂的特征，如第三段描述黄鹂的体型，第四段说明黄鹂的叫声，第五段说明黄鹂的益处，可谓条理分明，逻辑清晰。

童子与笑面佛

梁永平

一尊产自瓷都景德镇的瓷像。一个大肚笑面佛正与七个小童子嬉戏。

佛像身高大约二十五厘米。他上穿红底嵌黄花的袈裟，衣襟滚着黑底红花的边子，从袖口上看，袈裟的里子是粉红色的。他的腰间系着一条红色的腰带，腰带还打着蝴蝶结。佛像袒胸露乳，笑态可掬，他右手平举齐耳，腕上挂着一串念珠，左手上托至腰间，肥大的赤脚站在一团白里透蓝的流云之上。他红光满面，两眼炯炯有神。他张口大笑,露出一排整齐的白牙。福态的脸上,有一对深深的酒窝。端详这笑面佛,人们好像真的听到了他爽朗的笑声。

最可爱的要算那几个童子了。他们天真活泼,个个喜笑颜开。有的坐在笑面佛的肩上,调皮地拽着他肥大的耳垂;有的手里抱着荷花荷叶,踩着笑面佛的大肚子;有的藏在了笑面佛的袖子里,探出小脑袋,像是在和伙伴们玩捉迷藏;有的站在笑面佛的手掌里,一手拿着宝珠,一手拿着小摇鼓。最有意思的是坐在笑面佛举起的手上的童子,他手拿灵芝,颈上戴一个明晃晃的项圈,脸上露出得意扬扬的微笑,好像在说:"瞧,我坐得最高!"而下面的童子,双手拽着笑面佛的衣襟,脚踩在笑面佛的脚面上,好像是在不甘落后地向上爬。他也笑嘻嘻的,像是在说:"等着瞧吧,我一定会比你爬得更高!"七个童子,穿着各色的小袄小裤,都笑吟吟的。

雕像的制作者是如此细心,小到一根飘带、一个小珠子,笑面佛脸上的一条皱纹,童子头上的一绺头发,都刻画得栩栩如生,就连衣衫上似乎被微风拂起的褶皱和细小繁复的花纹,也绝没有一处败笔。制作者的高明,还在于整个瓷像充满了情趣。与其说这是笑面佛和几个童子的玩乐，倒不如说是爷爷和孙子们在逗趣，他们无拘无束，共享天伦之乐。

我爱这尊瓷像，因为他充满了欢乐和谐的气息，无论什么时候看到他，都会使人不自觉地露出微笑，轻松快乐。

[简评]

这篇习作妙在传形、传神和传情。

传形是指作者用形象的语言描绘了瓷像中童子与笑面佛的形态，如笑面佛的袈裟、笑态，童子们不同的动作、小袄小裤、手摇鼓等，都非常详尽，栩栩如生。

传神是指作者在描绘瓷像的造型时，并未忘记勾画出人物的神态来。笑佛炯炯有神的眼睛、深深的酒窝，赤脚踩在云朵上的姿态，使人觉得佛像呼之欲出；而童子们又个个天真活泼，动作、神态各不相同，可以说将人物写活了。

传情是指作者不仅描绘瓷像，还将童子和笑面佛比作了孙子和爷爷，好像他们在无拘无束地逗趣玩乐。这份悠然情趣使得整篇文章充满了美好而又动人的和谐气氛。

一半因为秋天

沈筠棠

提到金陵风韵，熟悉南京的人，都不免会想起栖霞山那片令人难忘的红。也正因为这抹红，让秋天的金陵更具秋韵。

漫步在舒缓宽敞的林间便道，你会感受到无处不在的燃烧。

那一团团生命的火焰，熊熊燃烧在初冬的枝头，燃烧在寒意渐浓的风中，更是燃烧在每一个来此访秋者的心间。

如果逢上秋高云淡的天气，点点阳光洒落枝头。飞跃枝头的那抹红，在碧云天的映衬下，越发的鲜妍。偶尔，几片红叶调皮地飞落枝头，飞向行人，惹得众人在赞叹秋叶静美的同时，不免对生命的短暂唏嘘感叹。

据说，栖霞的红枫，很有些出处。在亿万年的造山运动中，地球捏弄出了今天栖霞山的地形。在这众多的水、石、林间，最为出名的就是这因秋而著称的深秋红叶。

沿山路漫步上行，山路曲蜿，一边是如彩虹明镜的桃花湖水，平静如镜。一边是连绵起伏的山峰,一处处、一团团似火似霞的赤枫、小紫槭。

微风中枫树们摇曳着娇美的脸庞,透着青春少女的红晕,那红色的衣裙,聚集香客游人炙热的目光。每个转弯处都有新奇,形态各异的岩石和红枫交相辉映,仿佛有种"红叶深处是仙境"的感觉。

人有时也很奇怪,平日里带着的那份烦躁不安,此时,人行山间,一路走,一路停,面对空谷、清泉、红枫、衰草,感受着这天地自然的天籁之美,轮回之景,世间仿佛已抹去生活历程的苦难与艰辛,留下的只有对生命轮回的感叹。恍惚间,仿佛自己已成为心仪景致生活中的一分子,感受这方水土千百年来流转的风土人情、悲欢离合。

此情此景,谁能怀疑这片片红枫没有沐浴过汉唐的光照,吮吸过宋元的清风?谁能保证,脚下的步子没有触碰过明清,叩动过民国?

这也许就是南朝隐士明僧绍捐宅献佛,建成"精舍"的原因吧。

也许,人们钟情的,并不全在于枫叶的艳丽,更主要的是倾情于秋为其带来的风骨。从春天的嫩芽萌发到夏日炎暑中绿韵飘逸,再到秋风、寒霜侵凌下,悲壮的生命之歌。枫叶为了追求它辉煌的极致而放弃了绿色的生命,在沉默中凝聚成了无声的力量,用生命的火焰点燃了金陵秋韵最动人的色彩!

静美的秋叶,装点了金陵,增加了秋韵,更预示着大地孕育新生的开始。

而这一切,一半都得归功于亿万年周而复始的季节——秋。

[简评]

这是一篇以写景为主的记叙文,写的是金陵栖霞山的深秋红叶。

作者既写出了深秋红叶的自然特质,又赋予了它生命的韵味。对于红叶而言,为了追求辉煌的极致而放弃绿色的生命,甘愿在生命的火焰中谱写金陵的秋景,使红叶有了悲壮的风骨和奉献的意味。

写红叶,而赋予它生命,是文章使人印象深刻的原因之一,原因之二是作者对历史的联想。作者说:"此情此景,谁能怀疑这片片红枫没有沐浴过汉唐的光照,吮吸过宋元的清风? 谁能保证,脚下的步子没有触碰过明清,叩动过民国?"眼前景,不只是眼前景,更是过去景,也是未来景。时间的连绵不绝,带来禅意,带来宁静。

（二）议论文

议论文是以说理议论为主要表达方式，以表明作者一定见解或主张的文体。

论点、论据、论证是议论文不可缺少的三个要素。论点要正确鲜明，论据要真实可靠，论证要充分合理。

论证方法是多种多样的，有事实论证、理论论证、类比论证、因果论证、比喻论证、对比论证、引申论证、反面论证等。其中事实论证、理论论证、对比论证用得较普遍。

议论文的结构，按照对事物的认识规律，把"提出问题—分析文体—解决问题"作为论述的基本顺序，分为绪论、本论、结论三大部分。绪论(文章的开头)可用的方法有：亮论点、提疑问、说缘由、讲故事、引名言。本论(文章的主体)可分为总分式、并列式、递进式、正反对比式等四种结构方式。结论(文章的结尾)常用的方法有：归纳论点、总结全文、启示读者、提出希望。

议论文的基本类型有两种：一种是以论证正面观点为主，重在"立"，叫立论；一种是以驳斥错误观点为主,重在"破",叫驳论。一篇议论文,常常"立"中有"破","破"中有"立",两者结合,论辩有力。

1. 立　论

立论,一般都是提出自己的观点,证明它的正确。除了一般的议论文外,还有读后感、思想评论、时事评论、文艺评论等。中学生和社会大众常写读后感和思想评论。

下面分别举例说明:

(1) 一事一议

一事一议,即围绕一个事件、一则材料发表自己的看法。作者的态度需鲜明,文章需有明确的中心论点,论据要能够充分地、有针对性地为自己的观点服务,做到有理有据,使人信服。

论题一:

有人说,没有生命是不朽的,只有青春是不朽的。

也有人说,青年人不相信有朝一日会老去,这种感觉其实是天真的,我们自欺欺人地抱有一种像自然一样长存不朽的信念。

请结合材料,谈谈自己的感悟和思考。

青春会腐朽吗?

张晶玮

乔伊斯的《都柏林人》中描述过一个十分生活化的场景:小男孩跟着姑妈去市场采购,每当穿过那些吆喝的店伙计、醉汉与讨价还价的妇女,穿过灯光闪耀而散发恶臭的街道时,他总会想象自己正捧着圣杯,从一群敌人中安然通过。

将这个有趣的比喻拿给许多人看,他们怕是要笑男孩小题大做。日常生活即便琐碎无味,也不至于到"敌人"的程度;而稚嫩的眼睛人人都曾拥有,也不至于像"圣杯"般神圣吧! 从他们的不解当中,你会瞥见青春燃烧的余烬。

青春会腐朽吗? 江苏高考作文题曾问过这个问题,难住了许多与我同龄的孩子。不会的,只要有理想,青春就不会烧完,他们中的很多人满怀自信地说。在他们激昂的文字里,理想就像空气,总能在青春的火苗初见颓势时拨开负重,徐徐送风,助它重新升起燎原的意志。然而他们毕竟忘了,

"理想"是一个空心词。空心词的意思不是说这个词无意义，而是需要你自己去定义它。世间并不存在理想的点火场，让年轻的孩子排着队领取属于自己的一炬，从此漫漫征途有东西可呵护。理想不是一种与生俱来、随时有消失风险的固有物，而是一种有东西可烧、有意愿去烧的生命状态，一种海德格尔强调的当下存在。飞越最表层的时间维度，"理想"与"青春"便成了同义词。当我们说一个人"正青春"，我们不是在形容他的年龄，亦不是在强调他做过的某一光辉事迹，它更多指代这种特殊的、引人羡慕的生命状态，如同一条滔滔不绝奔向远方的河流，源头与尽头皆不可预测。如此说来，青春确实是一座圣杯。然而圣杯之所以神圣，不是因为每个人都曾拥有过，而最终又都会失去，它神圣在始终只为燃烧者拥有，也随时准备着熄灭为重燃者保驾护航。然而世间燃烧的人太少了，大多数人维持永恒的常温度完一生。当他们走到必须回顾的年纪，却无可回顾，只好抚摸相片里鲜活的肉体，臆想稍稍升温过的年少。你若问我，他们的青春腐朽了吗？我会回答：看你问的是何种青春。倘若指生理上的，只是过去了，谈不上腐朽；倘若指心理上的，怕是从未拥有过。

如此你一定会气愤，说我蔑视大多数，竟然连别人拥有青春的权利也要剥夺。那么我要回到文章最初，下一个定论：那些觉得日常生活不足以成为其"敌人"的人，是不可能拥有心理上的青春的。无论在何种年纪，只有不断以自身的生命，与日常生活相搏击的人，才理解我歌颂的那种燃烧的状态，理解我论述的此种青春的真正含义。一条满载着燃烧欲望的奔腾之河，怎么可能只是温顺地流淌，而不冲刷身下的河床、不灌溉周围的土地、不让人听见它的咆哮？鲁迅的《野草》中有一把冰冻住的火，起初静美得像一幅红色的现代画，最终说着"那我不如烧完！"便愤而打破束缚的冰层，重新成为自己。日常生活不是错误，但势必要成为青春者攻击的靶子，因为他（她）有巨大的能量待宣泄，需要不断与周遭碰撞，伤到血肉模糊，方能改变世界、认识自己。这于他（她）并不是痛苦，只是生命必须享受的状态罢了。

故而，这便是我的答案了。青春自然是会腐朽的。那些从不与日常争辩的人，趁着年轻的肉体得以在青春的大门前窥探过，又很快降落回喧闹的市集。那些不惮与日常龃龉的人仍在摩擦着、冲撞着、痛苦也喜悦地对着伤口叫唤着。青春的游乐场一旦进入是禁止静止的。那些停下脚步的人,会比不曾到来的人成百上千倍地感受到自身的腐朽。然而那些燃烧过的人,不必怕,火焰永恒地在你体内蛰伏,下一秒便可重燃。自此河流又奔向看不见的远方,你又张开稚嫩的眼睛,捧着圣杯从敌人间穿过。

[简评]

文章的开头极为美妙,作者从乔伊斯的《都柏林人》引入,一个小男孩想象自己手捧圣杯,穿越敌人般的日常生活。经典的引用,既显示了作者深厚的阅读积淀,又隐含了作者将要论述的青春与生活的关系,表达含蓄又深厚。

接下来是作者对青春与理想的定义。青春与理想不是生活的应许之物,而是有意愿去燃烧的生命状态。这一定义很深刻,将青春从年龄上升到一种生命状态。接下来,作者设置了假想论敌,并在论证中说明日常生活虽不是错误,却也只有在不断以自身生命与日常生活相搏击的过程中,我们才能真正认识自己,改变世界。这种说法呼应了开头小男孩手捧圣杯与穿越生活之敌人的故事,实现了结构上的闭环。

论题二：

有人说我们这个时代从不缺聪明人，缺的恰恰是"笨人"。

请结合材料，谈谈自己的感悟和思考。

丢失的"笨"

张思琪

世人皆望子嗣聪颖，然而苏轼却言"惟愿吾儿愚且鲁"。似乎，鲁钝并非一件坏事。

诚然，"聪明"固然是人心所向。因为这不单单意味着"耳聪目明"的生理优势，更在于是以一种进取者的姿态，争夺更多的社会资源，利用灵敏聪慧，达到预期的目的。这不仅有利于个体的生存，更无疑是社会进步所需的重要品质。

然而，在风云变幻的时代中，聪明者也并非能一直抢占先机。因伪造假币而锒铛入狱，因贪污受贿而断送前程，我们似乎发现，聪明者绞尽脑汁布下的局，非但没有成为其晋升的阶梯，反而成为吞噬自身的罗网。徐而观之，聪明不是原罪，而是在不断追求看似聪明的捷径中，形成的自我设限的束缚。在如今急功近利的时代中，社会如同一辆疾行的马车，虽迅疾却易失控，而如何使其制动的关键，便是这看似与聪明背道而驰的品质——愚钝。

而实际上，愚钝并非走在聪明的反面，也并非不谙世事，我们并非缺少"笨人"，而是缺乏一种纯粹、守拙的心灵和敦厚温和、不疾不徐的处事态度。鲁钝，是一种智慧。君可见曾国藩"天性愚鲁"，打仗只用"笨办法"，却在步履维艰中成就其军事奇才；君可见弘一法师不耐世俗，于繁华之极退隐佛门，终成一株文学仙葩；君可见"90后"曹胜，毅然辞去高薪，在木雕中找到心之所泊。鲁钝，并非迂腐莽撞，而是在浮华的时代洪流中用以保护更深层自我的屏障，这不是退避保守，落后过时，恰恰相反，正因人有了鲁钝的一面，才能更好地与世界连接，与自我对话，生命的厚度也正是在这沉淀之中逐渐丰盈。

回归拙朴的品质，不仅仅是个人的处事之理，更是一个民族的生存之道。中国哲学中强调的不是对立面之间的相互冲突，而是对立面之间相互协调、相得益彰的中和之美。聪明，是一个奋进民族周旋于世的破局之法，而"鲁愚"则是一个民族守住本心、韬光养晦的守局之道。

我向往聪明，是因为聪明之人看得更加深刻通透，花便是花，木便是木，色彩艳丽，棱角分明；我接纳愚笨，是因为在雾色的清晨，我便是我，我看见朦胧的烟霭如何舒展成云的姿态，我也看见，真正的自我，如何从大雾中走来。

[简评]

材料中对聪明人意含批判，但作者并未上来就否定聪明，而是"先立"，先正面肯定了聪明的好处和人们追求聪明的原因，并在逻辑推论中"后破"，颇具深度地指出"聪明不是原罪，而是在不断追求看似聪明的捷径中，形成的自我设限的束缚"，破除了对"聪明"简单化的价值批判，并自然地将问题引向深处，给出解决之道，指出"使其（失控的聪明）制动的关键，便是这看似与聪明背道而驰的品质——愚钝"，实现了观点上的先立、后破、再立的思维螺旋上升，展现了极好的思维品质。此后是作者对愚钝的正面论述，运用了排比修辞与举例论证，文辞优美，格局阔大。

蕙纕不可用，木兰终长芳

吕馨悦

　　在司马迁为屈原正名之前，有多少人嘲笑过屈原的执拗与寻死；在《史记》为司马迁正名之前，有多少人嘲笑过司马迁的选择与屈辱……似乎在人的成就被人看见之前，这个人就是愚昧无所为的蠢笨之人。但当荒诞的笑声戛然而止，我们终会在标签化的人与真实的世界间撕开一道血淋淋的口子，展示聪明人与笨人的世界。

　　聪明人在笑什么？在笑清贫，在笑位卑，在笑无利益……聪明人不相信学场有别于官场，不相信学术有别于权术，不相信努力可以改变命运，不相信阶层可以打破，不相信公平会到来，只相信眼前的诱惑与怀中的金钱。遗臭万年的秦桧、严嵩等人，刚进官场时，也是壮志凌云，却被自己以为的现实拖入了黑暗与深渊，终与恶魔共舞。

　　然而，这个怀疑的时代需要信仰。笨人不仅有信仰，他们本身便是信念，号召无数人前进。以陈独秀、李大钊的地位独善其身绝非难事，但他们选择了兼济天下，不仅视他人之目光如盏盏鬼火，更是以自身为火炬，开辟深林，削平高山，将在深渊边徘徊之人扯进光明里。笨人们愿意以自身幸福的缩减来增加世界上幸福的总量——包括那些精致的利己主义者。

若说有信仰的笨人是"虽体解吾犹未变兮，岂余心之可惩"，那么，有执着的笨人便是"朝搴阰之木兰兮，夕揽洲之宿莽"。前者引领方向，后者奠定基础，共同为时代铺路。总有人在嘲笑文科难就业，但总有人在弃高分而择考古。当《国家宝藏》《我在故宫修文物》《典籍里的中国》等节目横空出世时，我们才看见有多少笨人在默默地追寻梦想，一步一个脚印，真正践行工匠精神，而非投机取巧。妄图以极小的投入获得高利润的回报，最终只能聪明反被聪明误。

除了极少数的天才与极少数的智力障碍者，这个世界上绝大多数人的智商都在一个较小的区间内波动，若说智商差异能大到区分聪明人与笨人，那是不可能的。决定聪明或愚蠢的，是我们的选择。我们选择光明，选择努力，或许会比选择歪门邪道，选择捷径的人慢几步，但绝不会一直慢下去。

时代尚有公论，后世也自有定论。不必理会邪曲谗诌。甘作阰之木兰，只幽幽地散发香气，苗壮成长,待有一日也成为那笨人的先锋,与那遍布天下的聪明人比画一番。

[简评]

文章开头,作者并未在宏观上论述聪明人与笨人的概念内涵,而是以举例的方式为这些人物画像,铮铮有声的几句"不相信",写出了某些聪明人的明哲保身、保守世故,他们太聪明因而不相信奇迹,而笨人恰恰是于绝望中有信仰又执着的开创者。

许多同学将聪明人设置为贪婪、自私、无恶不为的小人,而将笨人设定为无私奉献、绝无所求的伟人,可则可矣,但看多了总觉得不免失之简单片面。本文的好处就在于写出了人性的深度,写出了历史选择中的诡谲与悲壮。

论题三:

班会课上,老师给同学们讲了一个故事。有个人有两块手表,一块常年停着不走,另一块虽然走着,但每天会快一秒钟。他给电脑设计了一个程序,让它来确定哪块手表好,电脑选择了不走的那一块。因为尽管它一直停着,但是每天能向你显示两次准确的时间。这与同学们平常的选择不同,他们感到诧异并议论纷纷。请写一篇文章,谈谈自己的认识,并与老师和同学们交流。

当我们在看表时,我们在看什么

汪　萱

现代人之所以有佩戴手表的习惯,我想无非是为了能随时随地获取时间信息。

这个故事中有两个时间概念:一个是常年停着不走的表上的时间,可以说是绝对时间;一个是每天会快一秒钟的表上的时间,可以称为相对时间。电脑与人选择的目的是一样的,都是为了获取时间,只是选择的结果不同。

假设乌龟和兔子进行赛跑,要求是绕小树林跑十圈。发令枪响后,兔子拼命向前冲,而乌龟则自始至终待在原点,如果让电脑判定谁赢,想必极大可能是判懒惰的乌龟赢。这个故事的荒谬之处和表的故事是一样的,那就是忽略了处理信息时人脑的参与。一个有小学数学基础的人都会毫不犹豫地选择后一块表,只要在接收到视觉信息的瞬间在脑子里做个减法,就可以准确地说出时间。而第一块表,在一个人对时间一无所知的情况下,即使表上显示的时间一天能有两次与确切时间完美重合，提供给人的信息也完完全全为零。电脑程序追求准确度，实现的是数学结果的最优化，而不是给人报时。

当我们在看表时，我们在看时间。当我们在看表时，我们在看生活。生命是单方面流动的，却也可以被看作一个轮回。那些在我们生活中反复出现的事，需要我们马不停蹄地追逐、努力，即使每一秒都有所拖延，也好过被浪拍回岸上。《了不起的盖茨比》结尾这样写道："明天我们将更高、更远，好比逆水行舟，被浪冲刷不断回到过去。"生命的意义，在于每时每刻的奋力搏击，而不是静止于过去，等待下一个轮回。我们能伸出手够到的，都值得我们努力，生命反复无常，而人是永恒的。

我们或许可以从这个故事中得到一个浅显的道理：一直走着总比不动好。第二块表报的每一秒钟都是错误的，但每一秒钟都对人类有用处；兔子被判定为输，但它奋斗拼搏的过程为它赢得了喝彩。我们在看表时，我们在观看龟兔赛跑时，我们看的是自己真正想要的东西，是生活最本质的东西。我们想看的是人类自己的痕迹对结果产生的影响，才不枉在生活中砥砺前行。

当我们在看表时，我们在看自己。

[简评]

文章的标题化用自美国作家雷蒙德·卡佛的短篇小说《当我们谈论爱情时我们在谈论什么》，既照应了文章内容的回答，又显示了自己的文学积淀，很有吸引力。

内容分析上，作者对两个时间的分类体现了思维的科学性，龟兔赛跑的例子又为我们演示了机器与人选择的不同逻辑，很巧妙。接下来作者将钟表的问题上升到生命的高度，指出"生命的意义，在于每时每刻的奋力搏击，而不是静止于过去，等待下一个轮回"，从而赋予了"每天快一秒钟的表"一种不断拼搏的精神，实现了有个性的深度思考。

"人性化"的缺失

蔡文想

一块不动的表，一块每天都快一秒的表，电脑出乎意料地选择了前者，因为前者能一天两次显示正确的时间，而后者不知需要多久才行。

看到这儿，我不禁想问自己，换作是我，我会选择哪一块手表呢？我会毫不犹豫地选择后者，因为第二块手表虽然时间上会有小小的误差，但是它可以在今后很长一段时间内给你一个较为准确的时间，给你一个较为正常的时间概念。

由此看来电子产品还是有缺陷的，你可以令其去计算某些数据，这是它擅长的。但是你若将其拿去做选择，那结果往往有些差强人意，这是为什么呢？因为"人性化"缺失。什么是"人性化"呢？我对其的理解为：人在处理事情时，不会死板地根据规定，而是能根据实际情况做出一些主观上的改变和判断，而这种能力，是电子计算机所不具有的。

我们常常看见这种电影，人类创造出的机器人成为世界的霸主，而人类却成为机器人的奴隶。在我看来。这并不只是一部电影那么简单，而是现代科学家的担忧。在现代社会，机器人的发展已经日渐完善、日趋完美，但我认为电影中的情景是不会发生的，因为"人性化"的问题很难攻克。而这一元素的缺失，将导致我们不会过分依赖电子机械工具。

我们经常听见"全自动化、全机械化"的工厂，虽说是全机械化，但在关键步骤上真正掌控全局的还是我们人类。因为机械并不能根据实际情况来做出正确的决定，在一个如此巨大的全自动化工厂若是出了一些错误，那将会酿成大错。

现在，由于科技的发展，我们的日常生活很难离开电子设备，上学、购物、旅游、娱乐，甚至吃饭都要依赖电子设备。人们创造出这些产品的初衷是好的，他们希望能让生活更加舒适、方便，可是却带来了人们好吃懒做的问题，从而导致了真正要让自己做决定、自食其力的时候，他们就束手无策了。长此以往，这将会变得多么可怕。

机器和人类是不一样的，它们因为人性化的缺失会做出许多错误的决定，因此我们还是得依靠自己，不被我们自己创造的东西所控制，我们应该利用我们"人性化"的优势来纠正机器人的缺点。

[简评]

本文遵循了第一段概括材料，第二段提出观点，第三段分析问题的行文顺序，围绕着机器人的缺陷展开深度论述，文章简明而又清晰。在机器和人的对比中，作者的结论就呼之欲出了——我们应该利用我们"人性化"的优势来纠正机器人的缺点。

论题四：

一位大学教授为了让上初中的孩子每天都能好好地吃早餐，有个好心情去上学，从这学期开始，工作繁忙的他几乎每天都准备不重样的早餐。对此，有人点赞，也有人不以为然。

教授还是父亲？

叶枫林

近来，人们关于大学教授每天为孩子做不同的早餐一事进行了讨论，我认为，这位教授的行为体现了父亲对孩子的爱。

相比于教授这一社会身份，身为人父的自豪感与爱无疑在他心中占有更大的比重。生而为人，而非生而为神，动物最原始的对于自己血亲的情感远不只是代表了 Y 染色体的传递。父亲这一角色在全世界文明中都享有举足轻重的地位，这也是父亲在亲缘关系中地位重要的象征。为至亲做一顿饭难道不是再美好不过的事吗？

社会地位在这种对比下，无疑不如亲缘身份来得重要。毛姆曾指出："那些人和你几个月来每日相处，你便会无法想象离开他们的生活会怎么样。但一旦离开了,你会发现渐渐地自己甚至不再想到他们了。"毫无疑问,以血缘为纽带的父子关系要远强于作为一个现代人在社会上的关系。由此,这位教授不顾工作繁忙也可理解了。

尼采曾说:"现代生活便是做戏的艺术。"而我认为,只有家才是真正毫无保留的爱的港湾。抛开男女之间刻板的性别印象,父母为孩子做的一切不过是为了孩子更幸福,父亲或母亲做这饭,本就没有区别,都是慈爱的结晶。

不论是赞成还是反对,我们当中有多少人会否定父母爱的重要性?身为教授,他所要教导的不仅只有大学生,还有自己的孩子,他想要孩子有一段美好的少年时光,这也是他的一堂爱的教育。

那么,乌鸦尚能反哺,人也应会知恩图报。当然,这种父爱不仅仅如山,也似海,是不求回报的,可这不代表我们便不用回报。亲情的天平两侧总是难以平衡,但精卫尚可填海报父仇,为什么我们不能在这天平上尽可能多地垒上我们真诚的石。

朱自清的《背影》近来在网上火爆,那穿长衫马褂的背影也不过是另一位父亲罢了。他买几个橘子,他做几顿早饭,为的不过是对儿子再好一些。

父爱不仅可以如山,还可以是买几个橘子,更可以是每天不重样的早饭。这一切,都值得点赞。

某些东西千金难买,某些东西顺其自然

孔思悦

大学教授工作之余,为让孩子有好心情而准备不重样的早餐,对此,有人点赞,也有人不以为然。我认为,这位家长虽爱子心切,其行为未必没有可批评之处。

初中孩子正在长身体,为他准备营养丰富的早餐自然无可厚非,但要说天天不重样,这实在没有必要。自己有工作,清早起来冥思苦想,只为讨孩子的欢喜,毫无疑问,这位家长在与孩子的相处过程中把自己放在一个较低的地位,为了孩子,他没有什么不可以做的。

然而,这里我要说一句伤害家长感情的话:孩子的好心情,真的只用一顿早餐便能买到吗?您做的早餐不重样真的能保证孩子一整天对学习的投入不亚于您对早餐的热情与执着吗?如果不能,我为您感到不值。

古往今来,似乎在家长与孩子的斗争中,父母

永远处于劣势。父母之于儿女，一如春晖之于寸草，缓滩之于孤萍，落日之于朝阳，前波之于后浪，是不遗余力的栽培，是垂暮时的希望，是天然的牵挂，是无私的奉献。然而，子女被托举在父母的手掌中，大概在想鲤鱼的龙门，巨人的肩膀，一级级朝圣的石阶，通向光明的希望。不是他们不知感激，只是自打记事起，总有人锦上添花，总有人雪中送炭，习惯之后便是理所当然。良药苦口，他们真的很难听进父母的教导。人生来便渴望能拥有自己选择的人生，他们若想要好好学成知识，就算没有早餐可吃也会一笑而过，埋头苦读；他们若恨透了去上学，再丰盛的早餐也挥不去他们对学校的恐惧。可悲的父母，有些东西，他们千金难买。

依我看来，真正智慧的父母兼具儒与道的哲学。

子贡赎人，未找国家报销赎金，孔子便责备他，因为他使其他道德不如他高尚的人不愿替国家赎人了；而另一名学生救下落水者，收了对方的礼物，孔子却夸赞他，因为救人之风可以在社会上盛行了。不错，扭曲人情的道德反而是最毒的药，正如故作姿态的表率与教导是最大的欺骗。

"天地不仁，以万物为刍狗；圣人不仁，以百姓为刍狗。"这句话强调了"无为"的思想。道法自然,统治者让万物自然生长,必能回馈精彩,因为世上最伟大的智慧,是规律与平衡。父母让儿女自在遨游,放开风筝的线,也许收获的,便是一片蓝天。

教育应有灵气,不拘泥于一些看上去高尚实则片面愚钝的人情准则,在自由的天空下,孩子的收获应超过不重样的早餐。

[简评]

在这则题目中,工作繁忙的大学教授指向了他的社会身份,每天为孩子做不重样的早餐指向了他的父亲身份。人们期待着大学教授能够为社会做出更多的科研性工作,而这一期待与他出于父亲身份而为孩子所做的一切之间产生了某种期待的错位和矛盾,由此引发了社会对这一行为的热议。

因此作者首先需要回应这一矛盾,并给出自己的观点与判断的理由。这两篇作文,第一篇是为父亲点赞,因为作者认为他的行为体现出了父亲对孩子的爱,而父亲对孩子的爱是超越社会身份的;第二篇虽然认同父亲对孩子的爱,却认为父亲的行为未必没有可批评之处,原因是他的行为和他想要达成的目的之间不具备必然的联系，并提出教育需有灵气，而不应拘泥于某些教条的人情准则。

两篇文章虽然观点相左，但在文章内部，都形成了对自我观点的合理、充分的论证，并实现了逻辑自洽，都是优秀作品。但是如果非要评价的话，我会认为第二篇比第一篇更好一些，因为第一篇更倾向于价值判断，即父亲的身份要优于其社会身份，而第二篇更倾向于现实分析，逻辑基础比第一篇更为坚实，并且表达具有一种举重若轻而又鞭辟入里的说理风度，更从容也更智慧。

(2) 读后感

读后感是人们阅读作品后的感想，它属于评论的范畴，但又不同于文艺评论。文艺评论是对作品本身的思想内容和写作特点进行评价，指出得失，总结出经验和教训。而读后感则是从作品的某一方面受到感触，得到启示，结合现实生活中的问题展开议论。读后感可以说是"借题发挥"，它议论的重点不在作品之中，而在作品之外。由于读后感的议论是由作品引出的，所以写作时必须紧扣原作，不能任意发挥。

读《复活》

杨润楷

金秋十月，秋风飒飒，我翻开了《复活》，我的思绪也被拉回了上上个世纪的俄国。

《复活》就像一本近代俄国的百科全书，旨在剖析俄国民众的劣根性和病态思想，这不禁让我们联想起封建时代的中国。不同的是，中国社会的病态似乎特别在于奴性，而俄国社会更在于笼罩所有人的堕落气息。

"大家都是这样的。"这一句话在书中频繁出现，对此我不能同意。我想到大多数人常用的一句荒谬的诡辩——"为什么大家犯了错，却只惩罚我一个？"他们以此巧妙地化误为对，振振有词地逃避自己的责任，以此来批判命运的不公。但"大家都是这样的"本不应该成为沦落至此的理由。涅赫留朵夫最初正是犯了这样一个错误，他以他人的堕落来解释和掩饰自己的堕落。

有人会说这太困难了，就像涅赫留朵夫年轻时一样，善事不被人夸耀，丑事却得到鼓励，谁也抵挡不住这种诱惑，谁都会堕落。

真的是这样吗？

多少人都是从冷眼与嘲讽中走出来的，可是他们都在教导我们，要是有能力，便应像列宁一样改变社会，或者于乱世要独善其身。至少，不应虚度了光阴，随那些千篇一律的人一起浮浮沉沉，或者陷进平庸空虚的生活之网，或堕落于自己的舒适区不求进取。

然而旧时俄国社会就是这样的。那迂腐的群众趋炎附势，每日每年地虚伪、虚伪、虚伪下去，不只有玛丝洛娃讨好妩媚的眼神，还有索菲亚·瓦西里耶芙娜的假意奉承。这也让我想到了《人间失格》中"我"的"演戏"，不也是为了讨好他人吗？

隐藏起内心的真实，习惯于附和别人，既折磨自己，也折磨社会上的每一个人，这种行为真的有必要吗？不过是一种自欺欺人的行径罢了。又有人会说，这是改变不了的天性，说实话就会被人看不起。不过我认为，即使是天性，也是可以被我们用道德武器去击败的。正是由于涅赫留朵夫认识到了社会和人性核心的问题，并且不去逃避，用自己的行动进行了神圣的灵魂的净化，又进行了扣人心弦的心理搏斗，他才真正走向了心灵的解放。作为书中的理想角色，涅赫留朵夫战胜了曾经兽性的自己。人与动物的区别不就是这样吗？

托翁用他伟大的、不可思议的转变给了全人类一个希望：我们有能力摆脱陈规陋见和生存斗争的束缚，自由地去发展自己的精神世界。我们都能实现伟大的"复活"！

[简评]

这篇文章充盈着理想主义的光辉。

《复活》是一部厚重的经典，阅读本就不是一件易事，但可贵的是，作者带着自己的经历和批判意识去阅读，并发现了"大家都是这样的"笼罩全书的堕落气息，而后高举道德意志的理想主义的大旗，对它进行直接批判，并呼唤我们伟大人性的"复活"。

读书从来不是单方面的接受，而是人与书的遇合。所以在这篇文章里，我们不只看到了托尔斯泰的《复活》，还看到了作者面对堕落时的自我操守，看到了作者对人之主体性的呼唤。这是一个闪耀着道德光辉的少年。期待大家今后读书都能像本文作者那样读出自己的理解和意味。

反思"光明"

郑鸿谦

《卡拉马佐夫兄弟》中"长老"去世的一段情节让我惊诧不已。一群信徒聚集在长老身边,发现自己终究逃不过一死。于是这样的意识在脑中出现:反正我也会死,那我有什么不能做的呢?于是在20世纪的人们心中,再也没有上帝的位置。

可是"上帝"虽然消失了,人们对"天堂"的幻想却从来没有消失。为了将天堂带回人间,20世纪的人们做了许多上帝所无法容忍的事情,正如同荷尔德林所说,"将人间变成地狱的原因,恰恰是人们试图将其变成天堂"。这一点在雨果的长篇小说《九三年》中有清晰的表现。

《九三年》中,最让人感动的情节无疑是郎德纳克救出三个小孩和郭文释放郎德纳克。而西穆尔登却以维护革命和法律公正的名义杀死了郭文。我这么说当然没有让法律变成一纸空文的想法,只是意识到,当一个人过于热爱理想中的集体,他对现实中的个体就越不满意,就会下定决心非要将它改造不可。对西穆尔登来说,这个个体就是现在的国家。他为了理想中的国家残忍地推动了革命，人道在西穆尔登那里不复存在了。一个个生灵的鲜血换来一个国家的一点点"进步"。也许在有些人看来，他们会同意这个价格。但我认为，"进步"，甚至"真理"，都不配这个价。

当看到郭文即将上断头台时，我哭了。这是为什么，上帝的子民在同类手中因为释放一个救出过同类的同类而遭到杀戮？有的时候，我们是不是让手段超越了目的，才导致这样的悲剧发生？

当然，有的历史学家用"历史必然性"来解释这一切，好像这些人的死亡都是应该的。但当我们看到七万多革命党人的头颅落在雅各宾党的断头台上，而我们所知道的关于法国大革命的一切似乎只是"推翻了旧制度，建立了新帝国"，这七万多革命党人的名字，我们几乎一个都不知道，这一切让人心惊。孟子说过"春秋无义战"，每一场战争在某种意义上都是罪恶的，这个世界再也容忍不下一个人被无端杀害了的事实，即使是以光明的名义。

大多数的作品都告诉我们要遏恶扬善，追求光明。可也有少数作品告诉我们，当执着于追求绝对的光明，光明也会成为黑暗的一部分。对光明的反思，这看似于我们的教养有害，但事实正相反，我们是把人性与良知放在了至高无上的位置。

[简评]

这篇文章从《卡拉马佐夫兄弟》引入，写出了人们心中上帝的消失。为了将天堂带回人间，一些追求绝对理想与光明的人，以上帝的名义做了许多上帝所无法容忍的事情。这是本文的批判主题，可谓立意深刻，见解独到。

接下来作者以《九三年》中的西穆尔登为批判对象——他为了绝对理性而失去人道；并在议论中联系到激进的雅各宾派，写到七万多革命党人的头颅落在他们的断头台上，对此，作者语含激愤地说："这个世界再也容忍不下一个人被无端杀害了的事实，即使是以光明的名义。"作者的语言准确、有力，带着内心的痛感和思考的力量。

此音独可听　此景独可赏

罗靖萱

鸟鸣涧

[唐]　王　维

人闲桂花落，夜静春山空。

月出惊山鸟，时鸣春涧中。

这首诗写春山之静。

　　"静"被诗人强烈地感受到了。为什么呢？是因为山静，所以人静，而人静又缘于心静，所以作者觉察到了花落、月出、鸟鸣这些"动"景。对这首《鸟鸣涧》，多数名家在赏析之时都会强调王维的"心静"，可我更欣赏王维那份独处的悠然。

　　因是"春山"，可以想见白天的喧闹——春和日丽、鸟语花香、欢声笑语。而作者却选择在夜深人静，游人离去，白天的喧嚣消失殆尽之时，独自游山。空闲的不仅是山林，还有诗人作为禅者的心境。唯其心境洒脱，才能捕捉到别人无法感受的情景。因为独处，他才能听到桂花落在衣襟上的声响；因为独处，他才能惊叹于落入春涧的月光；因为独处，他才能聆听春鸟在枝头的鸣唱。

　　的确如此，有些景色，只有在独处时才能欣赏。

　　我是住校生，又掌管着班级的钥匙，所以每天都要提早到班。你不会想象到，在空无一人、薄雾蒙蒙的清晨，我们的校园会是怎样一番模样。走出宿舍楼，映入眼帘的是一棵老柳树。浓密的枝条低垂着，带着南方少女独有的温婉与柔情。接着便是浓郁的桂花香，乘着露水在空气中游荡。随后是一排梧桐。我抬头望着浓绿的天空，整颗心都被荡涤得一尘不染。

的确如此,有些情感,只有在独处时才能体味。

当我远离家人与朋友,独自躺在宿舍硬硬的木板床上时,总有一些人、一些事浮现在脑海,就像放电影那般,或喜,或悲。我一个人回味着,思索着。只有在寂静黑暗的深夜里,闭上眼睛,脑海中挥之不去的那些情,才是千帆过尽后,真正值得你珍惜的那部分。

不知王维独立在寂静的春涧,听春鸟的初鸣划破似水的月光时,心中浮现的,会是谁的影子?

[简评]

文章开头写春山之静,以及名家赏评时强调的"心静",而作者说"我更欣赏王维那份独处的悠然",提出了自己的观点。"心静"与"独处"多数时候是相通的,可是毕竟侧重点不同,"结庐在人境,而无车马喧。问君何能尔,心远地自偏"。是心静,但外界是喧闹的;独处,更在强调一种"少有人在"的静寂,是只有自我与自然的秘密交谈。作者由王维的独处,联想到自我的独处。一个住校生少女在薄雾蒙蒙的清晨行走于校园,是如同电影一样静寂温婉的画面。

作者的分析很妙,联系自身的写作很美。由他者到自我,是读后感写作之范式。

(3) 思想评论

思想评论,是针对社会风尚,人们思想认识中存在的问题展开议论的文章。其目的是明辨是非、弘扬正气、纠正错误,带有明显的社会功利目的。思想评论评述的范围十分广泛,大至国家的大政方针,小至平民百姓的言论行为,凡属客观存在的事物都可以进行评述。

思想评论的写作在题材上要有现实针对性,不能无病呻吟;在思想上,要有较强的理论性,能够透过现象看本质;在论述过程上要严密,读了能够使人信服;在内容上,则可大可小,写法多样,较为灵活。

下面举例说明:

苦难的赞美诗及其他

程　翔

二舅的视频火了。究其根本,是大家与之产生了共情。

二舅是高尚的,甚至可以说,是伟大的。他默默忍受了生活和命运加诸的苦难,他将所经受的苦难研磨成了赞美的诗篇,他战胜了生活,而没有被生活战胜。

然而，仍旧有一种难以言明的不安，有一种不可名状的危险，弥漫在二舅的视频里。

它隐瞒了那些被不合理的生活压倒的人，那些在农村留守的老人，那些被无知宰制的人生，那些未被个人的聪明、技巧光顾的人生。

它告知了一种貌似正确的价值观念。它告诉人们要忍受外界的困苦和伤害，要默默前行，要正视自身的心灵和力量。

它唤醒着一种自我反思，让人们反身自照。它告诉我们要更加努力，更为乐观，在苦难加身时能够不怨天尤人，能够依然努力生活，继续相信幸福的发生。

然而，令我疑惑的是：这种对苦难采取的内省式的态度，这种不去追问为什么的听天由命般的忍受，这种靠才华和聪明勉强死里逃生的侥幸，竟然也成了一种对精神内耗的自我克服。

我们沉醉于英雄的壮举和自我感动之中，以为生活的意义可以通过复制他们的行为，甚或更低的要求，通过剪辑一个令人满意的瞬间而得到。然则我们仅仅只能获得一个瞬息的清醒，一次蓦然的回首。

那些所谓的精神的内耗，人生的迷惘，无所适从的人生,生活的意义,这些问题二舅帮不了我们。

请记住,是我们。

因为在这种个体性的、单个的生活壮举中,并没有人与人的紧密联结,没有合作,没有呼吸间的命运,没有整体性的因而也才是真正的改变。

危险的事情在于,它将苦难个人化了,偶然化了。因而,对苦难的战胜,也变为一种自我克服的内心行动。这里面不需要他人的参与,仅仅需要个体的聪明、无畏以及日复一日地忍受和坚持。

我想另一处难以让人接受的是,当视频将二舅所受过的苦难暴露在光天化日之下时,它却试图再次将之掩埋。这正如我们一向所遵循的理念一般,吃得苦中苦,方为人上人。前途是光明的,道路是曲折的。苦中之苦和曲折之路,仅仅是为预先安排好的胜利所做的准备,是可以在达成目的后的舍弃。

一方面,我们看到它在颂扬苦难;另一方面,我们又看到它为了颂扬胜利而将苦难丢弃。

我之前在谈及杜甫时讲过,苦难不值得颂扬。因为时代的苦难是难以承受的,对单个的个体来说更是如此。可是总有那么一些人,喜欢去歌颂苦难,去颂扬它的力量,去回护苦难的尊严,而不是人的尊严。我们说，苦难就是苦难，在其中我们得不到任何值得颂扬的东西。真正值得颂扬的是在苦难中辗转挣扎、最终站立起来的人。

可是苦难值得铭记。之所以要铭记，是因为我们不能够让后人重蹈覆辙。可是我想，很多人，都在试图让后人重蹈覆辙，都想着只有让后人吃一吃前人的苦，才能够真正走向幸福。

可是这是不对的。前人的苦，有一些，确实没有必要再去吃。

[简评]

二舅战胜苦难的故事在 2022 年的夏天火爆，许多人说自己的精神内耗被二舅治愈了，可是作者却对这种流行的说法报以警惕，他否定了这种将苦难个人化、偶然化的做法，并掷地有声地告诉我们，苦难不值得颂扬，真正值得颂扬的是在苦难中站立起来的人。

在写作上，本文有两点值得称道：一是批判性思考带来的智性光辉；二是字里行间透射出的人性之光和对社会的关切。

（4）时事评论

时事评论是针对新闻事实进行评论的文体。

撰写时事评论时要注意以下几点：① 时事评论是针对新闻事实所做的评论，因而是述与评的结合。述是基础，评必须在正确、完整的事实叙述的基础上进行并揭示其本质。② 时事评论要有现实针对性，所评之事须是政治上重要的，或是群众关心的，或是在生活中普遍存在和迫切需要解决的问题。③ 时事评论要旗帜鲜明，提倡什么，反对什么，态度必须明确，这样才能起到舆论指导作用。④ 评论的语言要力求生动活泼，尖锐泼辣，切忌死板枯涩，空乏无力。

下面举例说明：

金钱＜感恩

陈夫瑞

据报载：某大学生承诺偿还父母其大学期间的学费。

对于主动偿还学费这一行为，有的人认为应该提倡，原因有三：第一，偿还学费是一种回报父母的行为，所以应该发扬光大。第二，通过偿还学费，有助于让子女感受到父母的不易并珍惜学习的时光。第三，对于某些经济状况不好的家庭，该行为有利于减少父母对于子女接受高等教育的后顾之忧，从而增加子女深造的机会，进而提高国民素质。

但我却不认为该行为值得全面发扬。

首先，从法律角度来看，根据《中华人民共和国民法典》和《中华人民共和国宪法》，该同学已年满18周岁又未因丧失或部分丧失劳动能力等非主观原因而无法维持正常生活，所以其父母没有承担支付其学费的义务，而对于他们所承担的费用，应被定义为道德赠予。对于赠予，子女没有偿还的义务。

其次，从道德角度来看，父母有抚养子女的义务，况且身为大学生，该同学没有足够的经济来源来承担其大学期间的费用，所以父母支付其学费从中国传统观念来看是天经地义的，因此，子女也没有偿还学费的必要。

不仅如此，更重要的原因是偿还学费是一种将感情量化的行为。众所周知，量化是一把双刃剑，然而许多人往往只关注到了它的优点，却轻视甚至忽视了它的缺点。例如学习本是一个循序渐进的过程，但它却被量化成了分数和排名；爱心本是一种良好的品质，但它却被量化成了捐款的数目；反省本是一种心灵的自我净化，但它却被量化成了检查的字数和眼泪的多少……然而，感情是万万不可被量化的。难道每月向家里汇的钱越多就越有孝心吗？难道请朋友去高档的饭店吃饭就代表看重友情吗？难道向爱人送奢侈的礼物就代表爱情吗？真正的孝心应该是尽可能多地陪伴在父母身边，让他们快乐愉悦；真正地讲情义应该是即便跌宕浮沉，也始终真心不易；真正的爱情应该是就算大雨让这座城市颠倒，也会给她怀抱……

同样的，难道向父母偿还学费就代表感恩吗？当然不是。难道不向父母偿还学费就代表不感恩吗？当然也不是。我们不是父母的长期投资，父母也不是我们的低息贷款。而最重要的一点是即使我们出于真心偿还学费，对父母来说恐怕也不是他们所希望的回报。

父母对我们的付出是趋近正无穷的。《游子吟》中写道："谁言寸草心，报得三春晖。"换言之便是："谅腐草之萤光，怎及天心之皓月？"从物质角度来说，如果仅仅把许多水、无机盐、有机物堆在一起，即使生物成分一致，也没有任何一种化学反应能造就我们。从精神角度来说，母亲的怀胎、分娩之苦，父亲的撑起家庭之苦，是我们现在无法想象和体验的；父母每时每刻的关心、担忧，是我们无法真正理解和回报的。因此就算把父母替我们承担的所有费用分毫不差连本带利地偿还至尽，其与回报父母之间也相差甚远。至于究竟相差多远，去数数大海中有多少滴水吧。

当然，我并不否认偿还学费是一种回报父母的形式以及其具有的积极影响，只是从法律、道德两个角度并结合其具有的不确定性和局限性，我认为偿还父母支付的学费不值得全面提倡。

说了这么多，我们究竟该怎么做呢？其实很简单，上文也提到过，对父母来说，他们所期望的，首先便是子女能孝顺地陪伴在自己身边。有人说，所谓孝顺，重点在顺，即尽可能多地顺从父母，也许他们会古板，会令人不解，但只要顺从就可以了。这话看似片面，但仔细一想不无道理。其次，为人父母都对孩子抱有希望，或多或少都希望自己的孩子能变得优秀，而我们现在力所能及的，怕是只有好好学习了，这不是套话，这是现实。

最后愿人人都懂得感恩父母，并用实际行动证明自己的感恩，祝愿天下所有的父母都能收获属于自己的那一份幸福。

［简评］

面对众说纷纭的新闻事件，作者首先总结了

网上赞同偿还父母学费的几种观点,并开门见山地表达了自己的观点——不赞同,接着作者从法律和道德两个角度分析了偿还父母学费的不合理性,接着又用演绎推理中比较的方法分析了父母之爱与子女之爱,并在最后给出了解决方案——与其用数字和金钱来表达孝心,不如用实实在在的陪伴来感恩父母。

论述有理有据,破立结合,体现了作者行文逻辑上的严密和观点的完善。

(5) 文艺评论

文艺评论是根据一定的批评标准,对以文艺作品为中心的一切文艺现象进行分析、评价的科学活动。

文艺评论常采用以议为主、叙议结合的写法。对文艺作品内容的复述、介绍或引用,是叙;对文艺作品的分析和评价叫议。"叙"和"议"的关系,实际上是论据同论点、材料同观点的关系。

写文艺评论时应注意以下几点:① 要知人论世,了解作者和作品产生的时代因素。② 要认真阅读原作,力求对所评的对象有深入的了解和准确的把握。③ 根据作者、作品的实际情况,可以就整部作品全面评论,也可就某个方面集中分析。

④ 因为文艺评论既是一种专业性较强的科学活动，又在面对具体生动的文艺作品，所以文艺评论的语言在讲求表达的准确、周密之外，还应注意表达的形象性和有适当的文采。

下面举例说明：

"阿 Q"（阿 Quei）应读作 "阿鬼"

胡钰辉

序中"仿佛思想里有鬼似的"这句话，我们中国人读来其实一点问题也没有，因为汉语的含义是丰富的，大可以说是鬼使神差地想给阿 Q 作传，但这句话却在日本的学界发生了很大的争论。竹内好是这样翻译的："也许被什么怪物给迷住了。"松枝茂夫、和田武司是这样翻译的："在我的头脑里总好像有他的亡灵盘踞着似的。"所以，我认为阿 Q 的名字应该是阿鬼。

首先，Quei 的绍兴读音就是鬼，"'阿'字非常正确，绝无附会假借的缺点"，这实际上就是在暗示 Quei 里面有附会和假借。

其次，自古以来中国汉字就有通假的现象，用一个字来表示两种意义的谐音，鲁迅也非常喜欢，比如他有个笔名叫杜斐，谐音土匪。还有虞明、余铭就是谐音愚民，所以 Quei 字谐音的可能性也非常大。

再次，鲁迅其师章太炎先生的《说文解字》中对鬼这个字有这样的阐述："在中国，鬼这种东西的原意并不是直接指幽灵。鬼字从由，由是鬼的头。禺字从由，与鬼同义。禺本来是母猴，如果鬼是幽灵无形之物，那么为什么可以仿照它的头的形象呢，为什么母猴之头能够与鬼之头相似呢？因为最初叫鬼的本就是狒狒、狐狸之类的，奇形怪状的叫人惊愕害怕的事物，于是幽灵便假借了它的名字，这就是鬼这种东西的由来。"然后沈兼士是这样说的："具体的鬼引申出了畏，畏是可怕的意思，我们看到鬼就会畏。"鲁迅与这两个人关系非常密切，有可能与他们持一样的观点，也就是说，鬼＝禺＝畏，而"未"与畏同音，小说中的城镇名叫未庄，所谓未庄，就是畏庄；所谓畏庄，就是鬼庄。这正代表了灭亡的清朝，主角阿 Q 就是鬼庄的一个阿鬼。

鲁迅这句"思想里有鬼"其实就是对我们读者告白的，他之所以数次打消念头，但终于执笔为阿 Q 作传，正是因为他的脑海里存在着不肯离去的鬼的影像，同时这篇作品也只能尝试着通过为这个鬼作传，转而把作者脑海里不甚分明的幽暗的鬼的影像引出到光天化日之下，这就是从无到有的召唤。而这种召唤让鲁迅感到恐惧，因为阿Q不仅仅是一个孤魂野鬼，也是国民性格里的鬼。未庄不单单是一个小说场景，赵老太爷、假洋鬼子、赵秀才也不仅是一个个配角，他们都是大清的余孽，都是国民性格里的鬼。

鲁迅晚年用了许多笔名，其中有"苇索"（用来捕捉捆绑恶鬼的工具），有"桃椎"（打鬼的桃木棒）。鲁迅以笔为枪，战斗了一生，就是希望灭掉国民性格里的恶鬼。

[简评]

本文由阿Q的Q到底该读什么说起，先引经据典做一番考证，然后由"孤魂野鬼"说到"国民性格里的鬼"，最后一句亮明观点"鲁迅以笔为枪，战斗了一生，就是希望灭掉国民性格里的恶鬼"。这就使这篇评论既有理论色彩，更有现实意义。

悲凉之雾，遍被华林

方　榛

《红楼梦》中有一种"美"，美在那华丽与哀伤的融合。它宛如开满繁花的树林，里面却弥漫着感伤的雾气。的确，《红楼梦》是曹雪芹在抄家之后写出的繁华，所以繁华蒙上了幻灭的悲情。

小说第九十七回中宝钗出闺成大礼，屋外祝福的鼓乐却是黛玉送终的哀曲；众人欢喜的笑颜下掩盖了宝玉滴血的心。小说第十六回写到秦钟的死，同时又是元春省亲之际，如果去掉秦钟之死，所剩只有华丽；如果不提元春，就只有哀伤。作者笔下，它们交织在一起。

繁华里，总有一种难以言喻的孤独感。宝玉永远是孤独的，因为他是落入凡间的石头，人间的富贵对他来说没有任何意义。黛玉亦是如此，她的生命里有一种孤傲，一种超凡脱俗，因此她只以本性示人，是天上的绛珠仙草。贾府的荣华，人间的权贵都不过是过眼云烟，正如作者所经历的人生的繁盛与悲凉。

如果说黛玉是没有颜色的，那么贾府中色彩最明丽的就要数王熙凤了。她那种现实中的活泼非常动人，她太精明了，将人性把玩于手，她一生渴望荣耀繁华，于是她放高利贷，希望以此发家致富。可惜这短暂的焰火之后却隐藏着抄家与贾府烟消云散的毁灭。

黛玉是繁华与幻灭的融合,她身上有一种矛盾的美。黛玉是"超逸"的,她的出现总有仙气涌动,她是无形的,是光与影的交错,她的弱是一种美,美得令人疼爱。同时她也是毁灭性的,她的生命力里有"宁为玉碎,不为瓦全"的执着。她觉得感情如果不纯粹,就宁可全部毁掉。她与宝玉前世的仙缘,今生却无法完成,是命中注定的遗憾,是一种幻灭。

生命最后终究是一个无常,所有生命的因果只是暂时的依靠,现世的爱,温暖与眷恋到最后都会烟消云散。正如宝玉心底有一种别人无法了解的孤独,生命到最后其实什么都留不住,是宿命里的一种大荒状态。

喜欢《红楼梦》,因为它是一本可以看透生死,看破红尘的名著,是生命本质的体现。所有东西的因果,正如书中所云:"落了片白茫茫大地真干净。"

[简评]

本书对《红楼梦》的准确把握:一在小说中的对比手法;二在小说的宏大主旨。

《红楼梦》中有生与死的对比,喜与乐的对比,以及本文作者所写的"华丽与哀伤""繁华与幻灭"的对比。这种对比在故事情节中本是交织、融合在一起的，作者将其抽象出来，显示出了较强的理性思考能力。

本文标题为《悲凉之雾，遍被华林》，行文中所用词汇又如"烟消云散""大荒""看破红尘"，用词很有特点，都有一种缥缈、华丽、苍凉的美感，并且也显示出了作者对《红楼梦》中贾府败落、青春凋零的主旨的准确把握。不足之处是笔墨较为分散，在短小的篇幅里，说了好几个人物，重点不突出。

甘居泥泞，仰望山峦
——《立春》影评

陆麟屹

激昂的歌声仍回荡在脑海，愤懑、哀怨。电影《立春》将小人物理想与现实的落差，生存的挣扎，对于艺术的狂热追求，面对爱情的迷茫无助，以及对人生道路的无奈抉择展现得淋漓尽致。影片中的人物不甘于仅仅做泥泞中的一粒尘埃，而是渴望远方的山峦与大海。

《立春》这部影片由著名导演顾长卫执导，以20 世纪 80 年代一个北方小城里酷爱歌唱的大龄声乐女教师王彩玲的故事为主轴，辐射到其周边几个颇具特色的人物——炼钢厂工人周瑜、以绘画天才自居的黄四宝、邻居小张老师、芭蕾舞老师胡金泉，以及假装患病的歌手高贝贝等。这些人物复杂地纠缠在一起，使影片更加丰满真实。影片以主人公们对待艺术和爱情的态度为刻画中心，塑造了形形色色的形象，深刻展现了艺术青年在梦想与现实矛盾中经历的痛苦与挣扎。

　　王彩玲虽然貌不出众，却有一副好嗓音，酷爱唱美声，酷爱歌剧，一直梦想能够唱到北京，唱到巴黎歌剧院，却总被现实无情地抽打；黄四宝，没有实现画家的梦想，却因为和女主的一夜情，歇斯底里、愤而离去，胡金泉饱受旁人冷眼，但也在执着地追求着自己的梦想，尽管这个梦想在那个迂腐的社会中显得如此荒唐可笑；邻居小张追求甜蜜的爱情和婚姻，她没有远大理想，只是在认真地生活，却又被生活辜负；高贝贝，一个唱美声的女孩，为了爱情和艺术，不惜以谎言铺就道路。一个个角色看似各不相同，却又毫不例外地在生活中经历着相似的命运。在命运的一个个岔路口，选择追逐梦想或是无奈妥协，选择圆梦的无限美好或是现实的毫不留情，他们的喜怒哀乐，裹挟在生活的柴米油盐中，被生活这只大手无情地推向前方。

我们可以把王彩玲对艺术的热爱理解为对远方不切实际的幻想，而她在酒吧里面对服务生的那一段自我陶醉，或许更像是她对艺术成就的极致想象，那就是不甘平庸、不甘流于世俗的人生。

无数人在意气风发之时不甘平庸、不甘居于泥泞般的现实，他们渴望着有朝一日登上远方的峰峦。于是，人们在生活的一次次磨砺和击打中艰难前行，而走着走着，却又不得不在经历生活的洗礼后，以自己的方式和世俗的生活握手言和。

[简评]

本文的结构值得称道。第一段是对电影的直观反馈，富于感性色彩。第二段则回到对电影的专业分析，包括作者、背景、影片结构等，其中本影片以王彩玲的故事为主轴，辐射到其周边几个颇具特色的人物，这一对影片结构和人物关系的把握就颇见匠心。从感性到理性的文章布局，符合先吸引读者，再使读者信服的接受规律。第三段是对电影主要人物的介绍和赏析，并准确归纳出了他们身上理想与现实的矛盾，并在最后点明了主旨。

本文以较短的篇幅实现了对电影的总体概览，作者具有很强的语言组织能力。关于影评，除了这种整体性写法,文章还可以择其一点进行深入探究,如电影手法、人物形象、作品与时代的关系等。

2. 驳　论

驳论,摆出对方论点,反驳它,批判它,证明它是错误的。驳论的方法有:反驳论点、反驳论据、反驳论证。

举例论证如下:

近墨者未必黑

张　侠

"近朱者赤,近墨者黑"似乎已成千古名训。然而只要细加思索,我们就不难发现,近墨者未必黑。

无论是否读过周敦颐的《爱莲说》,但凡曾见过荷花的人,都会被其出淤泥而不染的品质深深感染。荷花可说是最为近墨者,却冰雪晶莹,亭亭玉立,令人称颂千古。它深深扎根淤泥,却没有与其沆瀣一气,反而更显风姿卓绝,洁如皎月。可见,近墨者中不乏未黑者存在。

那么,为什么会有近墨而不黑者在呢?黑与

不黑,关键在于近墨者本身的素质。荷花之所以"不黑",在于它内在的纯洁,本质的卓越。这不仅可以抵挡外部的侵扰,更可以使自身不断壮大,生存发展。因此,可以说近墨与否只是外部环境的表面现象,而近墨者最终是否会变黑,起决定作用的,是其本身为何品质,即其内因如何。试想,一身浩气四塞者,近墨也好,近朱也罢,必定总是满身正气,使"赤者"赞叹,使"黑者"心惊。战国时期的屈原,对内修治朝政、对外联齐抗秦的政治主张不得实现,自己又处于"燕雀乌鹊,巢堂坛兮""腥臊并御"的环境中,但他仍然丝毫不为所动,宁可"固将愁苦而终穷",也要为救国救民而上下求索。在他身上,就体现了一种近墨不仅未黑,反而更加高洁的品质,足以令人千古称颂。

当然,我们并不否定近墨者也有黑者在。确实有些自身已经开始变腐、即使"近朱"也不可能有转机的人,会拼命在"墨"的环境中成为黑亮的"精英"。但这更可证明,是他们自己本来就黑了;墨,不过是提供给他们一个极好的环境而已。可见,黑与不黑,关键要看其本色,看其骨子里是不是黑。

黑皮肤者再擦增白霜,也还是黑的;白皮肤即使有黑衣所附,终究还是白的。"近墨者未必黑",

实为不欺之言。

[简评]

本文的结构脉络非常清晰。开头在反驳"近朱者赤,近墨者黑"的基础上直接提出自己的观点——近墨者未必黑。接着用"莲"出淤泥而不染的例子初步证明,增加了自己观点的说服力,并在第三段通过设问,解释近朱者未必黑的原因,即关键在于自身素质,并以屈原之事例加以证明,可谓有理有据。第四段补充论证,点明也有近墨者黑的存在,但阐明"墨"只是一个环境,更重要的是他们自身已经变黑,从而再次回扣中心论点,完成反复论证,加深论点。

"赤""墨"的字眼贯穿全文,既是线索,又使中心论点明确,牢牢地吸引着读者的目光。这是一篇非常短小精悍而又严谨完整的驳论文。

鸿鹄安知燕雀志

史　式

读者猛然看到这个题目,也许会怀疑笔者一时糊涂,出现笔误。因为从来只听说"燕雀安知鸿鹄志",怎么会变成"鸿鹄安知燕雀志"了呢?

"燕雀安知鸿鹄志"一语,出自《史记·陈涉世家》。陈涉,少年时期曾经在地主家当小长工。有一次,几个长工在歇息时聚在一起发牢骚。陈涉说:"我们这些穷兄弟,如果日后有人富贵了,不要把大家忘了。"别人笑他痴心妄想,他不禁长叹曰:"嗟乎! 燕雀安知鸿鹄之志哉!"

很显然,这里所说的鸿鹄是比喻那些胸怀大志之士,燕雀则比喻那些胸无大志的小老百姓。陈涉在发出感叹之时,已经把自己放进"鸿鹄"之列,直指他的一帮穷弟兄为"燕雀"。对于这些"燕雀",他既有怜悯之心,又有轻视之意。

回想小时候在语文课本上读到《陈涉世家》一文后,不假思考,很快地就受到了陈涉的感染,认为"鸿鹄"是英雄,对之不胜向往;"燕雀"是庸人,对之嗤之以鼻。总之是"人云亦云",没有认真反问一句:"我们崇拜'鸿鹄'、轻视'燕雀',究竟有没有充足的理由?"

我们不妨探讨一下,所谓"鸿鹄之志"究竟有些什么内容。如果一个人立志要当水利工程师,像传说中的大禹那样,为老百姓消除水患,四处奔走,三过家门而不入;或者立志要当名医,仁心仁术,妙手回春,济世活人。这样的大志自然值得肯定。可惜陈涉之志并非如此，而是"苟富贵，无相忘"，"王侯将相宁有种乎？"不是牺牲自己，救国救民，而是追求富贵，而是举大名，而是自己去当王侯将相。

据《史记》记载，陈涉不仅说了以上这些话，而且不乏具体行动。起义才六个月，陈涉就腐化了。他的穷朋友们"入宫，见殿屋帷帐，客曰'夥颐！涉之为王沉沉者'"。穷朋友说话不小心，无意间揭了他的短，他毫不客气地下令"斩之。诸陈王故人皆自引去，由是无亲陈王者"。农民领袖一下子成了孤家寡人。《史记》中也毫不留情地揭了陈涉的短，从言论到行动来看陈涉都不是一位救世主，而是一个野心家。一句话说穿，陈涉口中的"鸿鹄之志"，不过是谋求富贵的野心而已。

两千多年，正如孙中山先生所说的"野心家代代不绝"。他们龙争虎斗，人人想当皇帝，互相杀得天昏地暗，害得老百姓流离失所。陈涉认为"燕雀安知鸿鹄志"，其实，"燕雀"们在吃够了亏、上够了当之后，对所谓"鸿鹄之志"是怎么一回事，也会无师自通，心知肚明。只不过是不敢明说而已。不过他们也会用一种巧妙的比喻来说明自己的感受，即"神仙斗法，凡人遭殃"。也可以说是"鸿鹄斗法，燕雀遭殃"。

　　自然界的鸿鹄与燕雀各有各的生活习惯、生存环境，可以各行其道，互不干扰，井水不犯河水。人类社会的"燕雀"就免不了要受"鸿鹄"的干扰。因为他的能量比你大，就能左右你的命运。你的井水当然犯不了他的河水，但是一旦涨水，河水倒灌入井，他的河水也就轻而易举地犯了你的井水。

　　"鸿鹄"们认为"燕雀安知鸿鹄志"，事实上未必如此，"燕雀"们是知道了而不敢说，说了就要倒霉。所以互相告诫"免谈国事，莫论军情"。笔者认为倒是"鸿鹄安知燕雀志"，"燕雀"们有些什么"志"，有些什么想法，有些什么希望，"鸿鹄"们是不屑考虑，不屑过问的。"燕雀"之志是希望多过几天太平日子，少些折腾，就是这么平凡，这么简单。

　　"鸿鹄不知燕雀志"，大概就是历史上许多"陈胜"转眼之间就成了"陈败"的重要原因。

[简评]

　　题目本身就吸引人。作者用陈涉起义后不久就腐化的事实，揭露了他"鸿鹄之志"的实质。文章由自然界的鸿鹄与燕雀，谈到社会上的"鸿鹄"与"燕雀"，通过具体分析，呼吁人们多多关心"燕雀之志"（多过几天太平日子，少些折腾）。最后一句提醒野心家不要由"陈胜"变成"陈败"，说法新颖，发人深思，令本文的反驳具有一种厚重的历史感。

（三）抒情文

抒情文是以抒情为主要表达方式的文体。唐代大诗人白居易说："感人心者，莫先乎情。"可见，"情"是最能打动人的。

抒情有两类：一是间接抒情，借某事、某物抒发某种特殊感情；一种是直接抒情，即在叙述描写的基础上，任由感情自由喷发，直抒胸臆。

好的抒情文，不论是写人记事、写景状物，还是议论说理，字里行间都渗透着真挚的情感，给人以深刻的印象。

根据感情所依附的不同对象，抒情文大致分为以下几种：

1. 叙事抒情

这类抒情以第一人称叙述，从一人或一事入手，恰当地联系其他事物，引出更深一层的内容。

可以一边叙事一边抒情,也可以在叙事结束后集中来一段抒情。

下面举例说明:

年轮上的印记

孔思悦

我回到学校的时候,发现那棵树已经被砍掉了。

我蹲在树墩旁边,伸出手,缓缓地摹着它的年轮。我知道,有三道是属于我的。但那三年的时间,我仍未看清,它是如何被刻上去的,这印记。

三年时间,我的班级永远是前楼中间那个,三年时间,我永远坐在窗边。

可是直到我站在这树的年轮边上,我才惊觉,原来窗边那棵树,无论我在哪个楼层上学,永远都是这一棵。

窗边有树,我当然是知道的。听课烦了,我就支着下巴望向外面。我还记得那是水杉,它笔直笔直地立着,枝丫伸得离窗口很近,叶是那种在回忆中晃人眼的绿。夏天有虫在枝上鸣叫,但我从未找到过它们,也未曾认真去找。我对这棵树,仅有这样一点印象。我的眼虽然望着窗外,心却不放在看景上。我觉得一切都很烦恼，学校里更不会有什么好看的景色。老师骂我：你喜欢人家树么？快好好听课！

大家都在哄笑，我也笑，还有一点得意。现在想来，我利用了那树的存在，为自己对课堂的逃避找了一个完美的、说起来也好听的理由。但是事实上，什么也没有，我心里没有树，也没有课堂。

那时的我，多么骄傲。我总能拿到班级里最高的分数，同学们信服我，老师对我比对其他人更加宽容。我心中的高手风范，就是波澜不惊，无悲无喜。我习惯于表现出满不在乎的样子，我不在乎听课，不在乎树，不在乎时光。全是自己骗自己。

毕业以后，我独自一人去了现在的中学，手机里有所有同学的QQ，但一整个暑假我谁都没有联系，包括那些只差一点就能成为好朋友的人。我觉得那些过去的东西大概也没什么趣味，从前的时光又烦恼、又缺乏波折和刺激，没有什么好看的风景。直到一次路过我的学校，才抱着看一看的心理走进去。我看到那棵不被在乎的树被毁去，剖开的身体上裸露着年轮的印记。

等发现的时候，已经迟了。

切莫在时光里沉睡,趁你不注意,它正偷偷地篡改年轮上的印记。我真想观看每一刻的风景,然而幸或不幸,骗过我的只有自己。

[简评]

五代冯延巳说"风乍起,吹皱一池春水"。无端,迅捷,不知缘由,一些事情已来到你的面前。本文的开头就是这样,劈空而来,"我回到学校的时候,发现那棵树已经被砍掉了",没有铺垫,直接将我们置身于一个情境之中,而且带有悬念,情绪浓烈。作者是懂得文章轻重缓急的安排的,仅是这样的开头,就已深深抓住了读者的心。

接着作者使用插叙,用夹杂着憾恨、甜蜜和哀伤的情感回忆初中时光。"老师骂我:你喜欢人家树么?快好好听课!大家都在哄笑,我也笑,还有一点得意。"语言平淡,绝无雕琢,可是偏偏透露出"此情可待成追忆,只是当时已惘然"的怅恨之感。

本文以树为载体,交织现在与过去的时空,在平淡深情的语言中,真实地面对自我,写不曾珍惜的憾恨,言简意深,情意悠长!

一只飞蛾死在窗框里

邵　妍

窗框里有一只死了的飞蛾。

起初我不能确定它的死活，它太小，我看不出它胸口的起伏，它又和别的同类一样简单：白色的翅膀，最繁复的花纹不过几个灰色的斑点——也难怪明明形状相似，人们却更喜欢蝴蝶。这时候我才意识到，我盯着它看了许久。

我想起一个星期前的上午，我也曾经这样盯着一只飞蛾看了很久。狂风卷着一道白影经过眼前，将它撂倒在我课桌的边缘。倘若没有那一道凸起的木板山一样地挡着，它会被直接掀落悬崖。

出于对昆虫的厌恶和恐惧，我离它远远的。风声嘶力竭地吼叫，它的翅膀像哽咽的长睫，高频率地抖动着、翻飞着，身子却牢牢地停在桌边，一步也没有动。它死了吗？我不知道，或许是风吹动的，毕竟它那么小，没理由抵得过风。

我准备像所有的同学一样忽视它而听课了。前面的同学嫌冷，起身关上了窗户，只留了一道窄窄的缝，把风的咆哮压抑在喉咙深处。

它动了。动作再简单不过——它往前跳了一

步,但至少动了,它还活着。这就又牢牢地攫住了我的视线。我惊异于它的生命力,它那么脆弱,翅膀薄得像是窗户纸,而它从这样的寒风里活了下来。那双翅膀的抖动是对生命的渴望和对希望的信任,它向风匍匐着,却不膜拜。它勉强地向前动了几步,却翻入深渊,消失在我的视野里。我急急地去看,但是找不见它了。地砖是灰白色的,而它不是蝴蝶。

我有些难以言说的怅然。我怕前面的同学挪动椅子的时候压到它,我怕这样的努力与抗争最后没有回报。

幸然,下课的时候我回过头,看见一个白影飞出窗外。

所以我知道,眼前的这只窗框里的飞蛾是死的。寒风呵斥,阳光低眉顺眼,它在冰冷的铁质的窗框里一动不动,离温暖一些的教室尺寸之遥。它不是孤独的,另外还有两只,横死在不远的地方,或许死得更早一些。它们都没有撑到最后,死在最冷的铁窗框里——或许是短暂的歇息,却要了它们的命。

飞蛾扑火,非是自取灭亡,是哪怕以生命为代价,也有拥抱炽热的光明的奋不顾身。有多少人选择了停歇，选择了踟蹰，徘徊不前；又有多少人选择了前进，选择了坚定，逆风而上？人生天地间，忽如远行客。正如苏轼在《赤壁赋》中所说"自其变者而观之，则天地曾不能以一瞬"，又何况肉体凡胎？一瞬间的光明与温暖，总好过一辈子的黑暗。

冷，太冷了。我看了一眼窗框里的飞蛾，关上了窗户。

[简评]

英国作家弗吉尼亚·伍尔芙有一篇著名的散文《飞蛾之死》，写出了飞蛾对死亡的抗争和生命的尊严。异国他乡，也有一个小作者写到了飞蛾，也许这是对经典作品的致敬，也许没有。抛开揣测，单就文本而言，这真是一篇极好的文章，理由有三：

一、立意好。一只渺小的、脆弱的飞蛾经过挣扎而飞出了窗户，飞向了自由与光明；而另外几只飞蛾却死在窗框里，作者说"或许是短暂的歇息，却要了它们的命"。在对比中，作者赞美了一种坚定前进、逆风而上的积极价值观。

二、故事好。深刻的主题并没有故作高深，而是寄寓在平常的生活里。作者的身份是学生，场景是教室，主角是飞蛾，一切都那么普通，可是作者的观察却不平凡，她发现了日常生活中的生命搏斗,展现了平常生活下的惊涛骇浪般的意义。

　　三、语言好。本文的语言准确、迅捷,开头"窗框里有一只死了的飞蛾",直接带我们进入场景,毫不拖泥带水;部分语言夸张、奇崛、浪漫,如"狂风卷着一道白影经过眼前,将它撂倒在我课桌的边缘。倘若没有那一道凸起的木板山一样地挡着,它会被直接掀落悬崖"看似不可思议,但又与飞蛾的生命冒险相联系,非常准确和生动。同时作者的议论、抒情很有力量,有哲学升华的悲壮之感。

2. 写物抒情

　　这类文章常借助某一外物来抒发自己的感受,和古典诗文中"托物言志"或"托物寓意"的写法有些相似。其中"外物"可以是景色,也可以是物体,没有一定之规,但关键是在对"外物"的描写中要着上我之色彩,使读者能够强烈地感觉到作者的情感、态度和观点,从而产生共鸣。

　　通常写法是从某物说起,在表现"物"的特性当中,由此及彼、运用联想,在人与物的自然融合中写出作者的故事和情感。

下面举例说明：

星星是一条永不枯竭的河

施苏青

今天晚上，我看到流星雨了。如果来得及，你可以站在西雅图的海岸上看看。那一群庞大的信使，沉甸甸地承载了我的愿望。

好吧，我知道这有些突然。我已经很久没有给你写信了。可能当你坐上飞机离开地平线去摘星星时，顺手摘走了我们的共同语言。

我说，西雅图的夜色一定很美吧？华灯初上，夜幕刹那间被点亮，显出一抹暧昧的紫红色。涨潮的时候，海浪摩挲着沙滩，月亮神秘的引力将它们召唤，像一种玄妙的启蒙，魔女低吟浅唱："月亮才是海浪真正的家……"此时翘首，一帘星河已渗进夜空的角落。

我不知道西雅图的星星是不是和我现在望着的一样，白色的商业色彩已经把漆黑的深夜调和成迷茫的灰色，星星在夜里飘着。你离开之后，我会一个人和星星说话。

我把这里的星星告诉我的，都转告你：

几年前，在中国东部一个角落，有两个小女

孩。一个扎马尾辫，一个短头发。一个长着一副标准的亚洲面孔，一个眼睛又大又深，像混血儿。

她们每次回家的时候，怯懦的"马尾辫"会攥着"短头发"的手，说风吹过松树的声音好像狼狗在叫。"短头发"会把另一只手揣在兜里装酷，其实已吓得发抖，我知道的。

"短头发"性子野，爱拿着竹签蘸取松树干淌下的树胶，在地上比画，拼出一个歪歪扭扭、藕断丝连的"马尾辫"的大名。

"短头发"有一次突发奇想，拉着"马尾辫"去湖边看星星。两个小女孩以初次革命的熊熊斗志离开了"水深火热"的低龄化家庭牢笼，转而追随天上闪烁的星光。

她们的突然出走，各自招来一顿打，这是后话了。可那天晚上的星星还在"马尾辫"的脑海里闪烁。就是那次罪恶的出行，使她突然读懂了"醉后不知天在水，满船清梦压星河"，从此爱上了古代诗歌。

……

你想起来了吗？

"短头发"，你还好吗？

我曾以为，星星在白天就会枯竭，它们是白昼的遗失物，还有有效期。后来我懂得星星一直存在,斗转星移,纷繁不尽。银色的璀璨忽隐忽现,传递着人们漂流的祈愿。如果你实在想家,就抬头望望星星,签收我的时间、回忆和祝福。

星星是一条永不枯竭的河,我们也是。

[简评]

古人云"但愿人长久,千里共婵娟",又云"此时相望不相闻,愿逐月华流照君",月亮是分隔两地的人共同的仰望之物,星星亦是。当一个与友人分别的小姑娘抬头仰望星空时,她正在思念同一片星空之下的地球另一端的友人;同样由这一片星空,她由现在的分离想到过去的欢聚,两人在星空下的浪漫冒险。

星星是连接不同时空的意象,也是抒情的载体,借由意象,作者展现人事变迁、情谊永恒。这是非常具有中国传统诗文色彩的表达方式。作者的语言清雅优美,也给了文章许多韵味。

门

邵　妍

我头一次意识到,我家的门已经很老了,老到一层楼八家住户,只有我家还是二十年前原装的铁门,其他人家早已换上了防盗门。

那天我没带钥匙,在我妈回来之前只能看着门发呆。在这静默的二十分钟里我将它上上下下地打量了一遍。淡黄色的漆熨帖得很,只有镂了简单花纹的外门的花枝上看得出暗色的锈。对联记不得是哪一年贴的了,横批已经歪了,懒懒地搭在卷了一个角的"福"字上,似乎是凭着两层门之间窄如纸的细缝夹着才让它不至于滑落下来。门的下半部分自下而上沾着污渍,倒和门漆过渡得很好,浑然一体,大概很难弄下来了。我猜想其中一定有我小时候的脚印。整个门在昏暗的灯光下显示出倚老卖老的姿态,如果不是门两边对称贴着的两个歪着眼睛笑的旺仔娃娃贴画让它看上去有些滑稽的话,它很适合配一个灵异而沙哑的音乐。

但我们家从来没人提出过要换门,包括一直抱怨房子破想搬家的我妈,也从来没有对这扇比我还老的门发表过什么意见。门也没什么危机感,淡定地看着我们日复一日地进进出出,看着我妈从二十多岁变成四十多岁,看着我奶奶从五十多岁变成七十多岁,一看就是二十年。

它总是在我们动它的时候发出响亮的声音,

仿佛在提醒我们它还有劲似的。于是我妈也配合它，时刻都收拾得干净利落再出门。我奶奶也配合它，高声地笑着，顶着染了不知道多少回的一头黑发靠着门和人聊天。只有在关上门之后，我妈才会问我她是不是老了，我奶奶才会紧张地问我头发是不是又要染了。我这才发现，离我看着当时还没搬走的邻居家哥哥用球砸坏了楼道灯的那天已经过去十年了。灯都老了。

那么总有一扇门是通往青春的吧。它不是时间，时间只会推着人马不停蹄地向前走，留下春风也难染的白髭须。它应该是触手可及的，只要我想，随时可以推开，推开了，是一颗不朽的心，关上了，再把这颗心打理打理，让它永远有力地搏动。

两层门间有缝，关不严，但也正因如此，阳光才得以穿过，给青春以不朽。

[简评]

本文语言精练简洁，巧妙地将故事时间浓缩在"静默的二十分钟"，百感交集，一瞬迸发。破旧却仍坚挺在原处的铁门，见证了楼道灯由明亮到损坏，母亲和奶奶对衰老无奈的反抗，更看着"我"从在门上踩脚印、贴贴画的稚子成长为能真正体会纷乱世事又保有内心一方纯白净土的青年。门始终岿然不动,门缝始终透有阳光,妈妈会永远干净利落地出场,奶奶总会放出爽朗的笑声,我的心随之荡漾……

"门"既是归家之通道,也是时间的见证,还是青春的守护。读完本文,我们会更加热爱生活,留心身边曾被忽视的事物。

外婆的毛裤

朱小璐

不比有地暖的北方,南方的冬天是极为难熬的。无孔不入的寒气贴着各种缝隙钻进去,寻觅着可以依靠的"温暖"。

偏偏大街上穿短裙、露着腿,把冬天过成夏天的姑娘比比皆是,虽说寒冷,但也不失为一道城市风景。

我瞥了一眼身上的毛线裤,又瞥了一眼窗外的"风景"们,再转过头看看自己,终究是没有狠下心来脱了毛裤。

寒风像砂纸一样,在我裸露在外的部位打磨,一下一下刮得生疼。我拢着衣裳,心中暗自庆幸穿了毛裤毛衣等一套御寒装。当下对"风景"们的羡慕淡了许多。

毛线裤,暖则暖矣,只是太过臃肿,把竹竿都裹成了纺锤。买来的毛裤是不会肥大厚沉的,可这条毛裤是外婆织的。从小到大,我的毛衣毛裤几乎都是外婆织的,老人家记性差,只会织一种花纹,而且毛线极沉极厚,有着年代的"厚重感"。

究竟从何时起,我不再乐意穿毛裤呢?大约是在哪一部电视剧看到,或者是听人说:毛裤与"土"亲密无间。从那之后,我宁可忍着寒意也要把毛裤脱下,脱下土的代名词。

我常常对外婆说:"不要再织了,我不想穿。"外婆只点点头,似乎知道我在想什么,手中的动作仍未停下,依旧织织打打个不停。

直到有一次,我旧话重提,外婆把注意力从毛裤上收回,望着我,眼中似乎有什么在跳动。"我新学了几种花纹,"她说,"不会再那么土气和单调了。"

算了,我对自己安慰着,就当是为了让老人开心吧,我决定穿毛裤了。

外婆并不是空想,连着几个中午都搬着小板凳,坐在院子里跟老大姐学织新纹样。我产生了一种不安而愧疚的心情,或许是因为我的话让她这么不知疲倦吧,平时几乎懒在家里的她,居然会勤奋好学如斯。

织成的那一天,外婆献宝似的把毛裤拿给我看,眼中的期待早已流露出来,我掂掂毛裤,装作端详的样子,说出早已准备好的说辞:"这次挺好看的,其实上次的也很好看,不怎么土气,不用再费神学新东西了。"老小孩开心得不得了。

时至今日,我的旧毛裤,不是拆了线就是丢了,仅存的几条就是外婆织的,或许有些土气,但在现在的我眼里,美的是学新纹样的外婆,每天打毛衣的外婆,老小孩一样的外婆。丑毛裤实际上是留声机里美丽的碟片,记录下一段美好时光。

[简评]

文章开头由南方冬天里的"风景"写起,引入了自己身上厚重的毛裤,十分自然,又富有鲜活的生活气息。毛裤自然是土的,我不乐意穿,而姥姥却乐此不疲地织,这二者之间构成了第一处故事张力;接着姥姥为了外孙女,自学新花样,而我心疼姥姥、赞美姥姥,构成了第二处故事张力。最后是作者对毛裤的理解,表现了祖孙之间美好的爱。毛裤是本文的叙事线索和情感载体。

对了,作者对姥姥的称呼"老小孩"也是很有趣的。它告诉我们,原来不只是外婆在爱着孙女,孙女也在爱着护着外婆呢。这种双向理解,双向奔赴的故事,真是太美好了!

此生执箸

郭姝宜

箸者,筷子也。人云不可食无肉,而若无箸,纵使有肉,又岂能食呢? 可知国人的桌席上,向来是少不了一双筷子的。

也曾有彬彬君子居于陋室,用一双木筷,食一箪白米,曰"何陋之有?"也曾有白发狂夫,长箸取肴核,洗盏复更酌,曰"吾与子之所共适"。他们用的都是筷子,但筷子又不单单是一个"餐具"。正如古语"玉在山而草木润,渊生珠而崖不枯",文化与品性,恰似明月清风,不知不觉融在器具里,成为筷子的魂魄。

陕北高原的褶皱中,繁复深隐的围窖里,筷子的主人是会唱着信天游打着老腰鼓的农民,掌生厚硬的茧,他要用的筷子如其人一般挺挺持正,朝向那盘盐蒸的红豆角与老南瓜。

云南他耳普子山上存活百世的寨子里,有听不懂汉语的白族人请豺狼进屋,用炉火焙烤松茸菌,把红颜料染就的十双红筷扎成大把,送给新娘吃饭,祝她命中多子。

湖南凤凰古镇里依水而居的女孩,有黄鹿般的双眸,从不伤心从不发怒。她用的筷子,与吊脚楼下的竹来自同一个母亲,有山水灵性,记得二佬的歌声如竹海间白鸟鸣啼。

富丽江南种着阔叶芭蕉大株梨花的朱门人家,有女子着翡翠撒花洋绉裙,罩五彩刻丝石青银鼠褂,听《胡笳十八拍》,搛糖蒸酥酪,夹胭脂鹅脯。唯乌木镶银箸,可执贵人手。

……

那些筷子,被地域之灵依附,丰富,且深刻;被红尘烟火沾染,世俗,而有趣。

不同于西方餐桌上的刀叉——闪着冰冷寒光、漠然僵硬,筷子内敛而沉稳,于软嫩指腹是忠贞恋人。两指间的温度,有中国人自古希冀的安稳幸福。

何不送一双塑料筷给学语稚童?他将品尝到人生第一口酸甜苦辣。

何不送一双碧玉筷给暮年老人?他会品味到

子孙满堂的幸福。

何不送一双喜筷给新婚夫妇？他们会读懂"快快得子"的谐音。

孤独的人通过添一双筷子找到人情温暖；相守的人通过日常所用的筷子找到彼此心灵的依靠。

筷与碟碰撞的声音，传递的是中国感情，弘扬的是中国传统文化，那是每一位国人今生今世与之白首相依、不离不弃的"根"。

[简评]

本文的写作对象是筷子，是单纯而又具体的物，怎么让无生命的物焕发出生机并充满魅力，是写作的挑战所在。在写作上，本文有三点值得借鉴：一、语言考究。文白夹杂的语言使文章充满古典气息。二、形式整饬，作者多次使用排比句对内容进行铺陈和渲染，富有音乐美。三、丰富的联想和想象。筷子本是无生命的物体，但作者以丰富的联想建构起了使用筷子的不同场景，深刻地表现了筷子背后的中国感情、中国文化，可谓以小见大，意蕴深厚。

3. 议论抒情

这类文章在抒发感情、阐发理论时,不是干巴巴、硬邦邦、板着面孔说道理,而是怀着正常人的喜怒哀乐去说理、去议论,将其真挚的情感融入字里行间的说理之中。

下面举例说明:

文明之路

高雨豪

人类自从爬下树木,走出森林开始,就一直走在文明之路上,而非像其他物种走在体力进化之路上。为什么? 因为人没有足够的速度获得四处奔跑的猎物,没有足够的力量与猛兽斗争,也没有足够厚的脂肪抵御严冬。在体力竞争的金字塔中,人类处于底端。身体的不足,迫使人类放弃了大自然的体力进化之路,并终于找到了另一条大道——文明之路。

人类决心与野蛮分道扬镳。然而,这是艰难的。白天,为了弥补自己身体的不足,人们制造了工具,然而丧生于野兽之腹的仍然十有八九;夜晚，野兽迎着月光嗥叫，而人类只能缩在洞穴之中，彻夜难眠，焦急地等待着黎明的到来。

直到有一天，奇迹到来，形势完全改变了。夜晚的闪电劈中树木，带来了火。人们惊讶地看着这个神奇的事物：它是如此明亮、温暖，就像太阳一样。从此以后，夜晚再也不是野兽的主场，挥舞着火炬的人从金字塔底端跳上了塔顶。文明之路突然变得异常宽阔，人类的大步跃进开始了。

从第一滴被火熔化的铜开始，人类有了对付一切的资本。野兽的尖牙利爪，森林的牢固根基，山石的沉重坚硬，在金属面前都不值一提。又一次质的飞跃产生了！森林从边缘开始被滥伐，土地一点点地被翻耕，野兽一步步地被驱逐。这是开发的雄壮步伐，这是开始征程的号角，这是新的大门在打开！人类变得狂热，大自然的呻吟显得如此无力。人们太兴奋了：文明之路是正确的！几千年的发展，远远比以往几十万年甚至上百万年的发展还要快得多！光明照在了文明之路上，人们恣意地欢笑着，享受着欢乐的时光。我们不需要在大自然受竞争之苦，我们已经凌驾于大自然之上！文明就这样战胜了野蛮，好像优势突出。

殊不知，野蛮的种子一直都在人类的心中生

根发芽，从未离开，而正是文明的果实滋养了它。君不见秦始皇筑阿房，修长城，百万之民葬身劳役？君不见杀掉无数犹太人的希特勒，那个焚烧书籍，叫嚣着"火光照亮了新世界"的希特勒？君不见当此文明"鼎盛之时"，依然有千万民众或死于纷纷战火，或逃离家园，流离失所？

终于，人类迷茫了。在文明的大平原上，一眼望去，处处光明。然而仔细一看，每个人的脚下，阴影犹在。就好像你已经来到了天堂，脚底却随时可能跳出一个恶魔将你拉下地狱。"我们到底是文明还是野蛮？"每一个人都在喃喃自语。

人类自以为文明，拥有最高的智慧，凌驾于大自然之上。自然是什么？他们认为只不过是充斥着野蛮的竞争、贪婪自私、暴力血腥的地方。这必须改变。于是人类成为"拯救者"，竞争掉一切，贪婪自私地向大自然和别人索取，用暴力血腥征服一切，然后就一切文明了。殊不知文明总伴随着野蛮，正如阳光下总有阴影，白天后总是黑夜。别再沉醉于文明的梦中了，当今社会不缺野蛮的梦魇！

[简评]

作者指出，人类的文明之路上充满了艰辛，提醒人们不要"沉醉于文明的梦中",而应在跟各种野蛮的斗争中创造真正的文明。文章的立意很好。

不足的是,议论尚缺条理,议论中的抒情配合得还不够。但题目太大,要写好有相当的难度。作为一名中学生,能写到这种水平已很不错了。

做一个精神明亮的人

许焯然

"黎明……那是灵魂最易受孕、最受鼓舞的时刻……也是最让青春荡漾、幻念勃发的时刻。"这段话,是从王开岭的书《精神明亮的人》中看来的。在这篇文章中,王老赞美阳光,并呼唤人们做一个精神明亮的人。

阳光代表什么?代表光明、温暖、蓬勃、新生、活力……精神明亮的人呢?代表阳光一般的人。

日出是美丽的。饱满彤红的太阳缓缓爬升,如同升国旗一般严肃,但又生机盎然。和你一同醒来的,有蓬勃的树、绽放的花、挺直的草、枝丫间传来的几声雀啼、心动了的露珠无声坠入氤氲的晨雾……光芒抚在眼膜上,渗进去,淌入心窝,在大脑的神经末梢亮着温光,它确实是能涤荡灵魂的。整个人像被按下了刷新键,你仿佛获得了新生,回归了儿童时期,散发着蓬勃的活力,为周围的人带来温暖欢笑,对什么都充满好奇,保有纯真和美好。你的轮回好像重新开启了。

但一切都变了。

自从城市里第一座摩天大楼建成,日出便开始变了,钢筋水泥不断累积,太阳越来越远,最后只能在大楼缝隙中窥日。树少了,草少了,花少了,雀啼几乎绝迹了。更重要的是,你变了,你"成长"了。褪去了幼稚的晨雾,驱赶了雀一般的好奇,纯真的树被砍倒,做了人情世故的大厦的材料。你不再关注其他,生活仿佛只剩下学习、工作和虚拟世界。单调、枯燥,你却不觉得。你还记得,上一次欣赏日出,是什么时候吗?

不能。

多么触目惊心!

放弃日出,意味着什么? 意味着你被生活抛弃,进入碌碌无为的平庸之辈,他们没有特点,没有性格,只是为活而活。你的身体将永远是旧的,而且越来越旧,你并不会像酒一样愈发香醇! 那自然不是活之意义。

尼采曾提到,孩子是最伟大的人。孩子的确伟大,他们拥有无瑕的内心,纯洁的灵魂,最纯粹的好奇,永不磨灭的欢乐,几近无限的活力。没有人讨厌孩子,正如没有人讨厌太阳。谁会拒绝一个为你带来温暖与光明的人呢?孩童,是精神明亮的人的代表,是神的使者,人类的光荣。

所以,重视阳光吧。所以,回归本真吧。重拾你丢弃的本初,拆除心中的大厦,迎回日光吧。向孩童学习,做一个精神明亮的人。

那么,下次日出时你是继续蒙头大睡打呼噜,还是像孩童一般欢快地大叫呢?

答案不言而喻。

[简评]

本文开头引用王开岭书中的话语,点出文章的核心主题,做一个精神明亮的人,既开门见山,又显示了作者的文学底蕴。接着作者从三个层次讲述了日出时期生活的纯真,长大后城市时期的冰冷,以及要求回归孩童般明亮精神的呼吁,文章层次清晰。

值得称道的是从第一层次向第二层次的过渡,"但一切都变了。自从城市里第一座摩天大楼建成,日出便开始变了,钢筋水泥不断累积,太阳越来越远,最后只能在大楼缝隙中窥日"。作者不只指向了成长带来的"世故",更隐含着对城市所代表的工具理性的批判,使文章具有了深远的思考空间。结尾第二人称"你"的使用,使文章实现了和读者的对话,并使结尾具有留白意味。

黑暗之上的勇者

罗靖萱

总能看到,灿烂而辉煌的夕阳中,有些人向着阳光踽踽行走,他们的身后拖着长长的影子,那是他们走向阳光的"附赠品"。影子黑乎乎的一团,很不好看,而他们的脸上,却是一团欣喜。阳光映红的脸庞上,是胜利者的自信与从容。他们是勇者,真正的勇者。从不因为确保自己的安全与胜利而停滞不前。他们有阴影,可是,他们把阴暗踩在脚下,抛在身后。真正的勇者,永远在黑暗之上,面向太阳。

历史从不缺乏这样的勇者。

在宋代,一个我最敬佩的人,苏轼。他就是这样一位在黑暗之上的勇者。他的一生可以说是少有的命运多舛。朝廷上最好的朋友章惇,在他受难之际压上最后一根稻草。一句诬陷，让苏轼直贬海南。于琼州穷苦之地，他几次差点丧命，甚至已经在信件中表达了自己命不久矣。但即使生活困顿，他仍然在偏远的黔地游览自然风光，品茶赏景炖肉，留下了许多名篇。章惇死后，他甚至写了封悼念信给章的妻儿，信中满是悲痛，而毫无怨言。

或许苏轼没必要这样乐观得大张旗鼓。他大可隐姓埋名，像个普通人那样过完一生。这样就没人知道他被友人背叛的狼狈，被贬官流放的心酸，甚至也不会再三被贬直至海南，性命垂危。可这一切，苏轼都大大方方地展示在世人面前，并活出了大家都羡慕的样子。没有人嘲讽他的倒霉，大家给予的目光，不是同情，而是景仰。苏轼就是这样一个人，他勇敢地踩在黑暗头上，向太阳迈步走去。

在近代，也有这么一个人——鲁迅。他放弃当一名普通的医生，而选择当一个"医心"的笔者。在他的大部分文章里，我读出了"苦"。他让人们深深记下了那奇怪而高大的天空，那蘸着人血的馒头，那愚昧的二十四孝。他把自己的眼神磨得犀利，便让自己看到了这黑暗人世的许多苦；也正是这道凌厉的目光，刺破重重阴霾的障碍，让他披上一身阳光。他也是那个勇者。从不停滞于黑暗中的麻木的安逸,而选择光明,选择辛苦。

这样两个划时代的人,足以向我们证明,身披黑暗的同时,人们也必会举着光明的利剑走向太阳。每个人,都有这样的潜力走向光明。我景仰这些黑暗之上的勇者,也想成为这样的人。我同时更希望,世界上多一些这样的勇者,光明便能映在每个人的脸上。

[简评]

苏轼和鲁迅是同学们熟悉且常用的作文材料,用苏轼说旷达,用鲁迅说国民性,本是应有之义。但这篇文章的特异性在于,作者用光明和黑暗的新鲜意象重新去定义和解释事例,于是使已用至烂熟的材料重新焕发出了生机。"黑暗之上的勇者""举着光明的利剑走向太阳",多么恰当而又贴切的表达,充满思辨,让人亢奋。

忒修斯之船

刘书语

小时候老师让写家乡,看着同学们作文里的鸡鸭鹅,我唐突又自然地意识到,我的精神家园不在泥土而在混凝土中。于是这篇作文我写了七年,高一时在我电脑上尘埃落定，文件名为"忒修斯之船"。

城市，是我们这一代人的忒修斯之船，飘飘荡荡，钢筋铁骨，永远崭新，永远易碎。城市似乎一直是人类征服自然的象征，就像乡村一直象征着人类的精神家园，寻根只能寻到泥土中去，混凝土上开不出映山红。中国人对土有历史的眷恋，对自然抱有传承的憧憬。

但我很遗憾地发现，城市是我们这一代人的根，易碎又坚韧。乡村的风物承载着遥远的记忆，城市却以日新月异的速度更迭着。我们记忆中的街头被拆散重组，商场被翻新装修，一切承载生命重量的回忆如血般流淌，在新的城市上结成记忆的血痂，摸不着，但沉重地压在我们肩头。

人们之所以寄情于自然，是因为自然永恒；寻根于乡村，是因为乡村总能留存住回忆。可在城市，当年嬉笑的小巷被毫不留情地砸碎，时光变换间，几座高楼拔地而起，一个人便只有独自承担记忆的重量，所以人们面对自身的重担和眼前变幻莫测的虚无时，怎么也不会含恨地说出，这里是他们的故土。

城市是一艘永远崭新的忒修斯之船，不知疲倦地前进，你要翻遍每一块砖瓦，揭开每一处墙角的伤疤，才能从中窥见些许记忆留下的顿挫。你不能坐在祖坟旁听那漫长的历史，你只能从建筑垃圾和街头小贩那里获得记忆的片段，并在前一个新的日子里发现一个故事里还有另一个故事。

城市在带给我们物质上富足与安逸的同时，也带给了我们精神上的无力，这是发展、是前进的必然。在飞秒般的重塑之中，与其追求柏油路旁石砖中苔藓带来的慰藉，不如直截了当地承认，这座钢筋水泥的现代都市，是你古老的故乡。

三年级的时候我写，在无边的草原上，我思念起我喧嚣又拥挤的城市；初二的时候我也写，我找到了我的根，在钢铁的霜花上；高一的时候我写，城市是我的忒修斯之船；现在我仍然在写。

所有的、所有的记忆的重量，让我来背负吧，不断前进的忒修斯之船啊，我是城市的血液。

[简评]

在谈论乡村与城市问题时，我们似乎天然地把发展和冷漠交给了城市，把闭塞与温情交给了乡村，于是有了乡村对城市繁荣的向往，城市对乡村温情的渴求。城市与乡村的双向渴求被写了一遍又一遍，也许这是真实，但相同的话语被不同的人说了一万遍，也有烂熟的危险了。所以当我看到这篇文章时,内心有着惊喜。

面对乡愁的话题,作者大声地说出"城市,是我们这一代人的忒修斯之船",是我们自出生即依托的生存之地,并且在城市日新月异的发展中,作者还发现了现代城市乡愁的悲剧——我们甚至无乡可还。面对这一命定的悲剧,作者大声地呼唤:"所有的、所有的记忆的重量,让我来背负吧,不断前进的忒修斯之船啊,我是城市的血液。"短小篇幅里有了汇入时代洪流而又不可逆转的史诗味道,作者运用语言的能力是绝妙的。

三种文体写作小结

不要把写作神秘化。它源自生活,发自内心,把心中所想理一理,顺一顺,写出来,就是文章。

请看作家、名师怎么说。

叶圣陶先生认为作文是生活的需要,工作的需要。他提倡"用笔写话","首先要求学生说老实话","胡编乱造是说假话,生搬硬套是说别人的话,对练好表达的能力非但没有益处,而且有很大的害处"。

北大温儒敏教授说:"作文教学的第一要务是

文通字顺,有一定的思想内涵。"

中学特级教师黄厚江说:"中学作文教学的基本定位是:培养学生写作的基本能力,训练学生掌握常见文体的写作,让学生能写平平常常的好文章。培养竞赛式、创新式的文学性写作能力不是我们的任务,也是我们无法承担的任务。"

上述名家已把中学生和社会上普通人的写作目的和要注意的问题做了很明确的阐述。

我们都是普通人,普通人就说普通人的话,说自己想要说的话,说自己能说清的理。不居高临下教训人,不豪言壮语忽悠人;去掉一些功利,多一些理性;去掉一些自卑,多一些自信。怀一颗平常心,成功就离你很近。

很多人都追求写作技巧,甚至迷信写作秘诀。这可以理解,但绝不可取。内容与技巧相比,内容始终是第一位的。要记住:不要照搬别人的写法,而应该有自己的个性;不要运用花里胡哨的词句,而应该使语言朴实干净;不要用"我们"的口气说大话,而应该用"我"的诚恳去抒真情。

鲁迅先生认为,写作要"有真意,去粉饰,少做作,勿卖弄"。这是经验之谈,也是写作最基本的常识。大家要永远记取。

（四）应用文

应用文是记叙、议论、抒情三大文体之外，用于日常交际和有关社会活动的一种文体。它有特定的需求，有固定的格式。

现选择若干种常见的应用文，分别说明如下。

1. 书信　日记

书　信

书信是一种向特定对象传递信息、交流思想感情的应用文书。

书信分为一般书信和专用书信。一般书信是指亲友之间往来的私人书信，所写内容广泛。专用书信是指用于某种特定的场合、针对某种特定的事务所写的书信，如介绍信、证明信、感谢信、表扬信、贺信、慰问信、咨询信、推荐信、公开信等。

书信一般由称谓、问候语、正文、落款等构成，专用书信要加上信函名称。书信写作时，条理要清楚，表达要明白，书写要清晰。信封写作要规范，确保各项信息准确无误，以免造成投递困难。

下面举例说明：

一般书信：

给好友的一封信

王莉宁

××：

你好！

还记得我收养的那只小跛鸽吗？它每天都在练习飞，一只脚撑着身体，两只翅膀不停地拍打。开始只是拖着一条伤腿慢慢地挪，现在竟能跳一段短短的路。我真的为它感到高兴。

长期以来，你的理想就是能够考上大学，继续读书，而两次高考均名落孙山，这对你来说是个不小的打击，但我觉得这同时也是一种财富。苏格拉底说："世界上最快乐的事，莫过于为理想而奋斗。"理想中最有价值、最有意义的是追求的过程。在经历漫长而坎坷的追求过程后，成功所代表的只是一种单纯的结果，与过程相比，它微乎其微。

"失败是成功之母"，尽人皆知。面对暂时的失败，你该做的，不是唉声叹气，而是以一种乐观自信的态度，勇敢地再次迎接挑战。你爱听郑智化的歌，就更应该明白"风雨中这点痛算什么"的道理,其实乐观与悲观之间的差别是很有趣的。乐观者看到的是油炸圈饼,悲观者看到的却是一个窟窿。

乐观是一种勇气,一种自信。如果你认为两次落榜对你来说是厄运的话,那你就应该用勇气来粉碎厄运,重树信心。自信是一种精神力量,是成功的第一秘诀。你曾告诉我:"不会在欢乐时微笑,也要学会在困难时微笑。"那么,我希望你也能笑一笑,用它来消除你脸上的冬色、心中的寒霜。

当然,两次的惨败一定让你很难过,这很正常。我在平时学习中也常会有这种现象,但事后我总会冷静地对自己做自我评估,这也是一种自信。只有自信,才能使自己冷静下来,做出正确的评估,使自己继续进步。"自信人生二百年,会当水击三千里。"如此豪迈的气概,作为青年人,不正是你我所需要的吗?

以前,我遇到困难时,你总会对我说:"妹妹你大胆地往前走。"明天,小跛鸽也许就能重上蓝天了。我想,你也会像那鸽子一样重新展翅高飞的。

祝你成功!

友 王莉宁

××××年××月××日

致那个我曾经喜欢的你

荆可薇

亲爱的你：

　　你好！

　　你或许永远不会收到这封信，甚至不会知道，我写过这封信。不过这样也好，我终于可以随意说出我想对你说很久的话了。

　　曾经的我，很喜欢你。

　　走路时"不小心"路过的桌子的主人，是你；体育课上，弯下腰用余光瞟向的，是你；能让我一秒钟发疯，又一秒钟收敛的，是你……我的青春年华，与朋友小心翼翼分享的最大秘密，是你。

　　为什么喜欢你呢？不知道。或许是因为那个时候青春剧太过热播，让我们不知不觉间接受了"青春总有开不了口的爱情"这个设定。然后，在我抬眉间，刚巧就对上了你澄澈的眸子。那一秒，没有原因的，你就这么突兀地闯进了我的青春里。

　　我就这么默默喜欢着你。

　　我试图从你的朋友圈中旁敲侧击地探听你的事情，演技拙劣只能骗过自己，幸好，人生没有机会重新来过。每次路过你身边,总拉着挚友想方设法多待一会儿。你身边的那盆植物,我已经反复研究了几十遍,朋友们总有路过你就瘸腿的毛病,为的是让我在你身边多蹭上一小会儿。每到下课,后桌还总拍拍我,"嘿,帮我打水去"。然后看着我拎着一个本来就是满的水杯兴冲冲地路过你的课桌……

我喜欢你这件事,我知道,我的朋友们知道,同学们不知道。而你呢,我是多么希望你知晓,又渴望你这辈子都别知道最好。

但是,人生终究不是偶像剧,我也终究不是偶像剧里的万人迷美少女。我这么谨言慎行希望你可以多看我两眼,最终却没换来见面时的一句"你好"。你曾是我前进的动力,难过时的安慰,每次活动时的期待。青春或许就像黑白旧电影,无声而冗长,而你在荧幕上的惊鸿一瞥,成了我反复回望的期许。而我,却只是一个路人,一块没有颜色的背景板。

我是那么一块自卑的背景板。后来,有人来给我着了色,描上了好看的图案。不断有人签上他们的名字,也总有人驻足与我合影。我没等来你。但当我回首张望的时候,却发现我再也融不进你那黑白旧电影。

现在,我五彩缤纷,虽然还是一块默默无闻的背景板,但总有一天会当上某部戏的主角。而你,也不断被着色,变得绚烂。

我时常会想起那部旧电影,于是拿出来掸掸上面的灰尘,放进放映机怀念半晌。电影依旧精彩,只是少了几分期许。那一个回望依然动人,只是无以惊鸿。我依然关注你,在擦肩时多看上两眼,从别人口中偶然问起你的事情。只是,我不再踮着脚寻觅,不再弯着腰窃听。你终究是莅临了我的青春,却又顺手挽住火焰,化作漫天烟火。

但我还是很想谢谢你。谢谢你让我曾经有努力的目标,变成了更好的自己。谢谢你让我知道自己有几个"最佳损友"。谢谢你。

谢谢你曾身披华裳,手捧阳光,盛装莅临了我的青春。

友　荆可薇

××××年××月××日

[简评]

这封书信读来让人有一种甜蜜而又酸涩的伤感,少女心事,千回百转,但在现实里,却又如同一泓平静的湖水，什么都没有发生。"我是那么一块自卑的背景板。后来，有人来给我着了色，描上了好看的图案……而你，也不断被着色，变得绚烂。"没有说出口的心事终于在时光中变成了错过。在书信最后，作者说"谢谢你曾身披华裳，手捧阳光，盛装莅临了我的青春"，有着成长的释然。

这是一封构思新巧、风格独特的书信。作者的文笔细腻，用词准确，节奏舒缓又哀伤。这既是一封写给"他"的书信，更是一封写给自己的青春告别信。

专用书信：

社会实践介绍信

尊敬的××：

您好！

在校大学生参加社会实践是大学生理论联系实际，在实践中成长的有效途径。根据省团委的指示精神，我院每年都组织大学生利用假期通过各种形式参加社会实践，兹介绍我院××级××专业××同学在 2021—2022 学年度暑假期间到贵单位进行社会实践，请给予支持！

　　此致

敬礼!

×××学院委员会(公章)

××××年××月××日

日　记

　　日记是指对每天所遇到的或所做事情的记录,亦可指用来记录内容的载体,如每天记事的本子。日记的内容,源自我们对生活的观察,因此可以叙事,可以写人,可以状物,可以写景,亦可以记述活动。总之凡是自己在一天中的所作所为、所思所想,都可以是日记的内容。

　　下面举例说明:

日记三则

姚文韵

10 月 21 日　星期五

　　窗外有一抹蔚蓝色。我渴望出去玩,能与它在一起。

　　窗外那被人称为单调的一切,我都感兴趣。我很少出去玩。

　　有一天,我溜了出去。天热极了,我不知该干些什么,只感到被晒得太晕。我看见一朵月季开得正盛,想摘下来带回屋,可我的手被刺痛了。花儿嘲笑我,它欺负我不是它那个天地的,它属于蔚蓝色。

回到屋里,看窗外的一切,天空、白云、月季、骄阳,一切都那么令人讨厌,我拉上了窗帘。

我把这一切对妈妈说了。妈妈笑了,她告诉我:在太阳火辣的时候别出去站在阳光里,摘月季要用剪刀。

受不住那蔚蓝色的诱惑,我又出去了。按妈妈说的去做,一切又变得很美好。我闻着月季的清香,似乎全身已融进了窗外那片天地。

3月31日　星期五

父母总是以为孩子在自己身边是安全的,可是我们当中许多人不愿一辈子待在父母身边。

表哥就是一个很好的例子。姑妈非常疼爱他,这个不让他干,那个也不许他做,这使表哥很苦恼,也很反感。只要是和表哥接触过的人都说他能言善辩、幽默、潇洒。可是当姑父和姑妈听到这个评语后,禁不住笑起来:“我们家这块木头居然会讲演?还会唱歌?”我很为他们难过,他们竟然如此不了解自己的儿子!

表哥也像一般青年那样一心想出国留学。可今天他说这件事时居然轻描淡写地说他要一切靠自己,自己赚路费、学费。我知道这很难,他的计划永远通不过姑妈那一关,但我相信他会做到的。

我想将来有一天,表哥会联系好留学的学校,找好工作,再买好机票,然后在临行前的那天晚上很平静地对姑妈说:"明天的飞机,去××,大概五六年吧。"那时姑妈会怎样? 哭吗? 有什么用? 出去的只是一颗获得自由的心。但若姑妈能够理解,支持表哥,那出去的是一颗日夜思念着你的心。孩子总是要走的。我不知道姑妈会选择哪一种,但愿是后者。

愿天下的父母都能理解我们。让我们飞吧,我们需要的不是平静的港湾,而是有着惊涛骇浪的大海。

4 月 5 日　星期三

有位同学带来一只很小很小的鸭子,放在教室后面的水桶里。它全身长着淡黄色的绒毛,只是在头顶和翅膀上有一点褐色。橘红色的小嘴和脚蹼,更显出一分俏皮。它长得十分可爱。

"唧——唧——"小鸭子不停地叫着。它还扑塔扑塔地跳着。但是水桶太高,它总是跳不出来。水桶里什么都没有,独自待在里面确实很寂寞。小鸭子一定以为只要能到桶外去,就可以自由,就可以有很多好吃的,好玩的。

终于,小鸭子跳到桶沿上,摇晃了几下,好不容易跳出了桶。有个同学一下抓住了它的脑袋,小鸭子拼命踢着双脚,可无济于事,它终于被放在了课桌上。有的用笔戳戳它,有的用尺打打它。它用劲叫着,可同学们却在旁边哈哈大笑。现在小鸭子在想些什么?想回到桶里去守住那一份安宁,还是想逃脱"魔爪"另寻生路?

2. 演讲稿　启事

演讲稿

演讲稿又叫演说辞,是在大会或其他公开场合发表个人的观点、见解、主张的文稿。演讲稿对演讲内容进行着规范和提示。演讲稿的好坏直接决定了演讲的成功或失败。

演讲稿具有以下三个特点:

(1) 针对性。所谓针对性,首先是指作者提出的问题应是群众所关心的问题,其次是懂得听众有不同的对象和层次,场合亦有不同的类型。演讲稿要针对现实问题,根据不同的场合和对象进行写作。

(2)可讲性。演讲的本质在于"讲",而不在于"演",它以"讲"为主,以"演"为辅。因此,演讲稿写成后,作者最好能通过试讲或默念加以检查,凡是讲不顺口或听不清楚之处,均应修改与调整。

(3)鼓动性。演讲是一门艺术。好的演讲会有一种激发听众情绪、赢得好感的鼓动性。要做到这一点,首先要依靠演讲稿内容的丰富深刻,见解独到,其次语言表达要生动形象,富有感染力。

演讲稿写作一般由开场白、正文和结束语构成。

下面举例说明:

做文明的金中人

王思谭

尊敬的老师们、同学们:

大家早上好!

我是高二(六)班的王思谭,很荣幸能站在国旗下演讲。百卅金中,悠久的不仅仅是巍峨钟楼,更是历来汲取中华精粹的金中人。作为奋进的一代，今天，我国旗下演讲的题目是《做文明的金中人》。

自古以来，中华民族以礼仪之邦闻名于世，有富贵不能淫、威武不能屈的民族气节；有舍生而取义的高尚情操；有天下兴亡，匹夫有责的担当精神。传承礼仪，是每一个中华儿女身上的历史责任。

《史记》有言"仓廪实而重礼节，衣食足而知荣辱"，在生活已经日益富足的今天，我们更应超越食饱、衣暖，而注重对个人修养的完善。我们不应只做物质的享有者，更应做精神的追求者，我们不应只考虑个人的一己私利，更应关注社会的宏大命题。

然而，细观我们的周围，有些人的言行举止已经超越金中人本该有的规范。你听，不时会有粗俗的语言从耳边飘过；你看，有些人上下楼梯嬉笑打闹，将靠右慢行早已抛诸脑后；午间静校不能及时进班，集体活动中迟到、吵闹等现象频频出现；甚或还有在校内使用电子产品、考试违规等违反校纪的行为。我惊诧莫名，这是怎么了？我认为，这些不文明现象都源于规则意识的淡薄。常言道：没有规矩，不成方圆。我们需要树立规则意识，不断提高对自身的要求，注重日常行为规范，从我做起。

在此,我以金陵中学团委学生会成员的身份发起倡议:

① 我们应践行中学生日常行为规范。以饱满的热情投入学习生活,汲取知识,充实自我,力争做社会栋梁。

② 我们应从一言一行做起。见到老师,问个好;别人帮助,道声谢;公共场合不喧闹;上下楼梯,靠右走;同学交流,轻声语;骑车上学,戴头盔;走在路上,遵交规。

③ 我们更应培养诚实守信的意识。诚信是一个人的立身之本,诚信就从我们的每一次考试做起:不作弊,树立起诚实守信的考试作风,学会在每一次测试中及时发现问题,查漏补缺。

④ 我们也应养成保护环境的意识。不乱扔垃圾,不踩踏草地,自觉进行垃圾分类,维护良好的校园环境,人人有责。

让我们从身边的小事做起,养成良好的行为习惯,做文明有礼的金中人。

我的演讲到此结束,谢谢大家!

启　事

启事是机关团体或个人为寻求帮助而向社会公众表示诉求、愿望的应用文体,简言之,即公开地陈述事情,具有公开告知性。

按其内容,启事可分为不同类型,主要有招生启事、寻物启事、招聘启事、挂失启事、征集启事、征婚启事、庆典启事等。

下面举例说明:

《精灵》杂志征稿启事

不爱就等于生命的死亡,正如不写诗就等于才情的浪费。

如果你热爱写作,那就到文学的世界里来吧,《精灵》杂志给你提供最广阔的平台。在这里,无论是诗歌、小说、散文,还是戏剧,我们都欢迎,只要:

你的文采是灿然的,

或情感是朴实真挚的,

或思想是洞彻明晰的,

或想象是奇崛瑰丽的,

或者其实这些都不重要,

只要你是“你”,

我们会珍惜你的一切才华与文字，

只为做好一场青春的记录与修行。

《精灵》杂志期待你的来稿！

投稿内容：诗歌／小说／戏剧／散文

散文如随笔、读书笔记、优秀作文等均可。

投稿邮箱：×××××

投稿格式：word 电子文档，请按"标题、姓名、班级、正文、写作时间"的顺序进行排列。

投稿方式：请把文章发至投稿邮箱，我们会尽快处理，谢谢。

××中学《精灵》杂志社

××××年××月

寻物启事

3月23日晚8点左右，本人在淮河路公交6路车站候车时，不慎遗失黑色公文包一个，内有委托书、重要合同、票据及现金支票等。本人现万分焦急，恳请拾到者速打电话与我联系，我将立即前往认领，当面致谢并以重金酬谢。

联系电话：1300789××××

天翼公司   王先生

××××年××月××日

招领启事

10月18日晚,有同学在学校运动场拾到白色手提包一个,内有财物若干。望失主携带有效身份证件到校保卫处认领。

××学校保卫处

××××年××月××日

3. 通知　请柬

通　知

通知是向特定受文对象告知或转达有关事项或文件,让对象知道或执行的公文。通知,一般由标题、主送单位(受文对象)、正文、落款四部分组成。

标题的写法,一般由发文机关＋主要内容＋文种组成,如《国务院办公厅关于印发中医药振兴发展重大工程实施方案的通知》,也可以省略发文机关,由主要内容＋文种组成标题,如《关于印发〈规范国有土地租赁若干意见〉的通知》。

通知的主送单位即受文对象,在对象较多的情况下,要注意排列的顺序和规范性。

通知的正文要写清通知缘由、通知事项和执行要求。

通知的落款要分两行写在正文右下方，一行署名，一行写日期。

下面举例说明：

关于举办第十三届"金钟杯"书法比赛的通知

为营造××中学书香校园的文化氛围，提升金中学子的文化修养，现决定利用"五一"长假举办第十三届"金钟杯"书法比赛。

比赛分为硬笔和软笔两个部分。

比赛人数：高一、高二每班选派 5 名同学参赛，高三自愿参赛。

比赛时间：5 月 1 日—5 月 5 日

书写内容：在大赛组委会提供的材料里选择和创作。书写内容详见附录。

书写要求：硬笔作品使用硬笔方格纸，首行空两格，标点不占格，最后一行顶右落款，如高一×班××书。

软笔作品使用宣纸，规格四尺三开，横竖不限，字体不限。学校提供宣纸，有需要的同学可到高一、高二语文办公室领取。

提交办法：5月1日—5月5日登录××中学官网，点击书法比赛通知飘窗，按照网站要求通知提交，并在5月6日将纸质作品交至各班语文老师处。

奖项设置：每个年级一等奖2名，二等奖3名，三等奖4名，并择优向全校展出。

望同学们认真准备，积极参加。

××中学语文组

××××年××月

附录：书法内容

（省略）

请　柬

请柬又称请帖，是在社会生活和相互交往中，为了邀请客人参加某项活动而发出的书面信函。

请柬的特点是内容简洁、准确；富有强烈的礼节性；装帧精美，有艺术性。使用请柬，既可以表示对被邀请者的尊重，又可以表示邀请者对此事的郑重态度。

请柬的内容由标题、称谓、正文、结尾、落款组成。标题一般要做一些艺术加工，以显示庄重精美。称谓是要顶格写出被邀请者的名称，如某某先生、某某单位等，称呼后加上冒号。正文要写清活动内容、时间、地点等。如果是请人看戏或表演,还应将入场券附上。如有其他要求也请注明,如"请准备发言""请准备节目"等。结尾要写上礼节性问候语或恭候语,如"致以敬礼""敬请光临"等。落款是要署上发出邀请的单位或个人名称和发出邀请的日期。

下面举例说明:

请　柬

尊敬的××先生/女士:

我公司谨定于2022年12月15日在××酒店举行年度答谢晚宴,宴会地址:××市××区×××,敬请届时光临!

×××股份有限公司

××××年××月××日

4. 计划　总结

计　划

计划是单位或个人为了在一定时限内完成某

些任务而预先对目标、措施和步骤做出设计安排的事务性文书。计划是计划类文书的统称,规划、方案、要点、设想、打算、意见和安排等均是计划。

计划具有指导性、预见性、目的性、可行性、约束性等特点。

计划的写作由标题、正文和落款三部分组成,其中正文又包括前言、主体和结尾三部分。前言要概写计划制定的依据、目的、背景等,即说清楚为什么做;主体要写明任务要求和完成的方法措施,即做什么和怎么做;结尾要写明完成时间和注意事项,可省略。

总　　结

总结是人们对前一段的工作、学习等进行全面系统的回顾、分析和评价,从中找出经验教训和规律性的东西,用以指导今后工作而形成的事务性文书。广义的总结包括个人总结和单位总结。

总结性文书最常用的名称是总结,除此之外,还有小结、回顾、体会、经验、做法等称呼。

总结的写作由标题、正文和落款三部分组成,其中正文又由前言、主体和结尾构成。前言要概写所做工作的背景、基本情况等,即做了什么;主体要反映成绩与措施、原因与结果、经验与教训等,即工作是怎样做的,做得怎么样;结尾要写明今后努力的方向和开展工作的设想。

下面举例说明:

平凡应用文　笔下出惊奇
——应用文写作学习总结

光阴似箭,岁月如梭,一个学期很快过去了,盘点这个学期的学习情况,我觉得"应用文写作"是我学得最认真、最有成就感的一门课程。它教会我写很多应用文,如求职信、竞聘词、演讲稿、个人简历等,同时也让我认识到了自身的不足。

其实最初接触应用文时,我对它并没有好感,其种类之多,写作格式之杂,简直令人眼花缭乱,如公文就有 12 类 13 种,还有事务文书、专用文书等。不同的种类有不同的写作内容和写作格式,还有不同的惯用语。每天老师上完课就要开始进行写作练习,课余时间还要去查找资料,心里又觉得学习它没有什么实用价值,真是令人烦恼。但通过一个学期的学习之后,我居然发现自己在应用文写作方面有很大进步,不仅文章多次获得老师表扬,而且我也发现了应用文的独特和神奇之处。下面就谈谈我对应用文写作的一些粗浅认识。

一、应用文写作是表达"非我"而非"自我"的写作

应用文写作的大多数文体是要站在某一群体、某一组织、某一集团的位置上，代表被传达单位发出信息，接收者也往往是集团性质或面向众多个体的。所以写作时不要总想着自己，而要多考虑文中代表的单位立场。它表达的是"非我"而非"自我"。当然也有极少数文体是站在自己的角度，表达自己的思想，如演讲稿、个人总结等。但总体而言，应用文更多的是一种在公开场合使用的事务性文体，是一种为他者的写作，所以我们不能"随心所欲"。

二、应用文是"死板"而不乏灵活的写作

虽然应用文在格式上要求严格，讲究规范，但是并不代表所有的文种或文字都没有自由发挥的空间。在表意清楚的基础上，我们依然可以展示自己的文采。比如一些文章标题的拟定，一些较为灵活的能够展现个人特质的文体，如演讲稿、欢迎词、贺词等。这时写作没有那么多的规定与套路，你可以打破陈规、不断创新。

三、应用文是"平实"但不"平凡"的写作

很多人在看文章时喜欢辞藻华丽的文句和段

落,因为它们一眼看上去是美的。但应用文写作不一样,它非常朴实,写什么都要求用最简单、最精练的文字进行表达。很多同学喜欢用华丽的辞藻来显示自己文章的非凡,其实,在应用文的写作里,效果反而不佳。应用文是最平凡朴实的,但我同时认为它又是最不平凡的。它的文字简洁、精练,使用范围广泛,深度参与人们工作、生活的方方面面,在社会上发挥了畅达沟通的巨大作用。

应用文写作还有许多的奥秘,以上总结不过是冰山一角。真正丰富的内涵还需要我们不断去探索、发现、总结、学习,只有这样我们才能不断进步。

×××

××××年××月××日

三、应试写作常识

（一）应试写作成功四要素

经常有学生问老师，要写好应试作文有没有什么诀窍。总之，想走捷径。虽说有可以理解的一面，但多少带有些功利色彩。说实话，写好应试作文没有捷径。如果一贯认真对待日常写作，每次都很用心，那应试就不会有什么问题。也就是说，日常写作是应试写作的基础。

要写好应试作文，当然也要讲方法，但最重要的是做好以下四点，这可说是写好应试作文的四要素。

1. 审题要准确

不管是命题作文还是材料作文，都要细心审题。尤其是材料作文，更要逐字逐句看清材料和"要求"，弄清材料说了什么，要你怎么写。对题意理解准确、全面，是写好应试作文的前提。审题出了偏差，语言表达再好也没用。

2. 内容要充实

记叙文无论是写人还是写事,都要具体,要有生活气息、时代色彩,给人以"接地气"的真实感。议论文论点要正确鲜明,论据要可靠充分。无论是记叙还是议论,立意要积极,内容要健康。

3. 条理要清晰

记叙文最好能有一条线索贯穿全文,时序要安排合理。议论文最好能把中心论点切分为两至三个分论点,有条理地分层论述,而不是东一榔头西一棒槌。

4. 书写要端正

字,是文章的面孔,是给阅卷老师的第一印象。潦潦草草、涂涂改改,老师就不想看,得分就会受影响。书写不求美观,但求一笔一画写清楚每一个字。字写得好,有助于提高分数。

(二) 写好应试作文要有五种意识

1. 选材要有现实意识(让人感到新鲜)

有"现实意识",就是要接地气,有生活气息,有时代色彩。拿写议论文来说,就不能老是说一些人尽皆知的大道理,举例老是那几个伟人、名

人,写多了,就显得老旧而毫无新鲜感,这样的文章没人爱看。可从下列两个方面做些改进:

(1) 把道理与现实结合起来

可写的事有:家里的事、学校的事、所居住的社区或村镇里发生的事、社会上刚出现的新鲜事等。

可写的人有:科技人员、爱心人士、边防战士、优秀教师、白衣天使、司法干部、体坛精英、基层领导、各种普通劳动者,以及自己的父母、亲友、老师等。除了自己亲眼所见的人与事,更多的可取材于看过的电视新闻、报刊文章等。结合上述这些去讲道理,你写的文章就接地气,就有时代气息,就会让阅卷老师眼前一亮。

(2) 把"我"放进文章里去

长期以来,多数同学的文章中只有"我们",很少有"我",看不到个性,感受不到真情,写的多半是教育别人的话。如果把"我"放进文章,就有真实感、亲切感,如果表达得好,会引起共鸣,得分也就上去了。写"我"的什么呢? 在紧扣题意的前提下,可以写我的追求、我的成长、我的爱好、我的阅读、我的交际、我的旅游、我的失误、我的教训等。既然要写议论文,重点要突出"我的感悟",如读书的感想、对教育的评价、对高考的反思、对社会上某些现象的看法等。既然是"我的",就要写发自内心的真实想法,不求全面周到,但求有独立见解,不过也要防止过于偏激。

文章里放进"我",要注意两点:① 内容要真。文中的"我"是真我,所写内容都是真实的存在,不作假,不编造。② 写法要纯。不刻意雕琢,不过分夸张,说理朴朴实实,语句干干净净。能真正做到这些,你的文章就有鲜明的个性,就与众不同,阅卷老师就喜欢看。

2. 记叙要有求新意识(让人眼前一亮)

记叙文不要总是平铺直叙,记流水账,要力求使文章多少有点波澜。前几年重庆一位考生的《我和父亲》写父亲爱喝酒,设置了两个悬念,最后揭开真相(原来父亲为了省钱养家,喝的不是酒而是白开水),表达了对父爱的理解,写得很吸引人。既可写真人真事,也可从现实生活出发,虚构一个故事,写成小小说。比如 2017 年全国卷,有位考生的《共和国,我为你拍照》一文,事件设置在 2049 年,作者以一名记者的口吻,叙述了在沙漠中脱险的经历,突出了祖国强大的科技力量和对普通公民的呵护,故事生动,主题鲜明,得了高分。无论是纪实还是虚构,都要有一两个动人的细节,如人物的动作、神态,特别是塑造人物形象的个性化对话。

为了摆脱死板,还可以在表现形式上有些变化。以下做法都有人用过,效果不错:(1)列小标题。可为全文设计几个小标题,每个小标题可以是一个词,也可以是一句话。(2)采用倒叙。先把故事的结局放到开头,然后按照事情发展的过程慢慢道来。(3)写成日记。整篇文章用第一人称"我",按照时间先后分成几块,每块标上日期、天气,几块合起来是个完整的故事。(4)用书信体。文章主体是记叙,"外壳"是一封信。既然用书信体,就得符合书信的各项格式要求。

3. 议论要有辩证意识(让人看了信服)

不要把"辩证"神秘化。说得通俗简明一点,辩证,就是不要简单化、绝对化,不要走极端,避免片面性。不少同学的议论文,不是不善分析、说理肤浅,就是空话连篇、说理枯燥。请记住:千万别用"高大上"的理论吓人,不要玩弄"哲理"而把话说得很玄乎,不要引用连自己也未必理解的外国名言。应该对题目所提供的材料,尤其是对自己所举的论据事例,做实事求是的具体分析。怎么分析呢？

（1）分析原因。任何一种现象，无论是好还是坏，它的出现都是有原因的。它可能有客观原因、主观原因，也可能有历史原因、现实原因，甚至还有其他特殊原因。每种原因用一句话概括，再做一点分析，便可自成一节，几个原因就有几节，不仅说理深了，条理也很清晰。

（2）分析结果。这要用到假设分析法。如果这样，会怎么样；如果不这样，又会怎么样。对"怎么样"又可分为：对个人会怎样、对事业会怎样、对社会会怎样。对每个"怎么样"做一点展开，如此条分缕析，说理就显得清晰明了。

（3）分析两面。在进行分析时，既要看到事物的这一面，又要看到它的另一面，甚至更多的面。这"另一面"既可以是与"这一面"相近的一面，也可以是相反的一面。如果选相反的一面，就跟"这一面"形成了正反对比，通过对比，得出结论。这种分析方法经常被使用，效果很好。比如若以《话说手机》为题要你写一篇文章，那你可以从两个方面去说。先写手机之"利"：手机在人际交往、信息共享、通信联络、照相、购物等方面，为人们的生活和工作带来了莫大的便捷。再写手机之"弊"：从小的方面讲,长时间低头看手机,伤害眼睛、有损健康,在马路上看手机可能酿成交通事故;往大的方面讲,一味相信手机中的信息和观点,就会失去思考力、判断力,最终丧失创造力。最后你可以总结说:手机本身无利弊,利弊的产生都取决于使用它的人。我们应纠正手机依赖症,始终不忘人之为人的独立思考属性,永远做科学技术的主人,并以人的创造力去开发比手机更先进的科技新产品,以此造福人类。对两个方面都做了分析,就辩证了。

4. 语言要有规范意识(让人看了舒服)

虽然多数同学的语言表达能达到"通顺"的要求,但还是要注意以下两个方面:

(1) 关于用词。用词力求准确,不产生歧义;除了在记叙文中为了突出乡土特点可以适当用点方言,一般不要使用方言;除了大家都认同的,否则请慎用网络词语;不要白话与文言夹杂;不要生造除自己外谁都不懂的词语。

(2) 关于造句。每个句子的句意要完整,不能出现成分残缺、搭配不当等病句;一段文字中的几个句子,一定要围绕一个中心,句与句之间要连贯,并按一定的逻辑关系加以合理地组织;一段与另一段之间要有过渡句,使上下衔接自然,文气贯通。要多用短句,少用长句,句子一长,极容易因顾此失彼而产生语病。

另外提一下书写问题。字是文章的脸面,称为"文面",字写得规范、工整甚至美观,会给人愉悦感,至少老师会认为你书写基本功好,分数就不会低。反之,字写得不规范,甚至潦草难认,就会让人看了不舒服,得分就可能受到影响。字不要写得太大、顶天立地,也不要写得太小、难以看清。写清楚每一个字,且每个字大小适中,这是起码的要求。

5. 行文要有读者意识(让人看了喜欢)

首先,简要说一下"写作"与"作文"的区别。平时,人们常把"写作"与"作文"混为一谈,误认为是一回事,其实不然。两者有共同点,都是用文字来表达。区别在于:"写作"是主动表达,写什么,怎么写,全由自己决定,不受任何限制,也不必在意别人的评价,它追求独抒性灵,有感而发,抒写真情,表现自我;而"作文"是一种训练,是被动表达,写什么,怎么写,全由教师或考题决定,束缚很多,最后要用分数来量化,它是无感而发,虚拟情景,迎合需要。应试作文尤其如此。它是限制性极强的被动表达,功利性和竞争色彩很浓。跟平时作文相比,它的限制更多,包括题目(规定了你写什么)、时间(一小时左右)、地点(考场)、字数(不少于 800 字)。"写什么",无法选择,只能在"怎么写"上彰显本领。而这里所说的"怎么写",不是你自己想怎么写,而是要考虑阅卷教师("读者")希望你怎么写。因为这篇作文从某种意义上来说决定了你的命运,所以力争最大限度地提高得分是应试作文的终极目标。

写应试作文,要换位思考,就是要有读者意识。就考场作文来说,你的读者就是阅卷老师,那就要站在阅卷老师的角度考虑问题。要想一想,如果你是阅卷老师,你喜欢看什么样的文章。一般来讲,阅卷老师喜欢看生动有趣的记叙文、有新颖观点的议论文和洋溢着真情实感的抒情文。总之,爱看内容新鲜的、有个性特点的、与众不同的文章。既然如此,那你就要在确保扣题的前提下,努力写出让阅卷老师喜欢看的文章。

下面,重点说一说如何满足阅卷老师这个"读者"的需要。

(1) 要消除他们的"审美疲劳"

每位阅卷老师每天面对大量的同题作文,看多了,看久了,必然会产生"审美疲劳",要消除他们的审美疲劳,有效的对策是制造"比较优势",即选择某些方面予以充分展开,使他们能感到眼前突然一亮。没有人能拥有"绝对优势",但每个人通过努力都能制造出一点"比较优势",做到"全篇平稳,局部取胜"。

(2) 要重视他们的"跳读印象"

眼下的电脑阅卷是一种快速阅读与直观判断相结合的特殊过程,因为看得快,所以很难看得细,基本上是跳跃式的快速浏览。由于阅卷时间有限,因此阅卷老师的关注点是有轻重差别的。他们的"细读区域"往往集中在以下方面:作文的标题、文章的开头和结尾、文中的特殊语句和所举的例子。既然这样,那你就要在扣题的前提下,在阅卷老师关注的"细读区域"上多下功夫,以便给他们留下良好的"跳读印象"。

(3) 要让他们看到你的"与众不同"

如何在阅卷老师关注的"细读区域"引起他们的注意呢? 以下方法可供参考:① 标题(自拟题目):可以是一个词、一个观点、一句古诗,也可以是一个问句;② 开头:或简明扼要亮出观点,或引用一段诗文,或说一个小故事引出论题,或用一段优美的语言诠释题意;③ 结尾:或用简明语句总结全文,或用抒情笔调点题,或提个问题引人深思,或打个比方留有余味;④ 特别语句:记叙中的生动细节描写,议论中的新颖见解或辩证的说理;⑤ 所举例子:或引用了别人没有引用过的名言警句,或举了别人没有举过的新鲜事例。短短 800 字,要想全面超过别人几乎不可能,但能做到上述五条中的两条,就能让阅卷老师感到你的与众不同,便可超过许多人。

（三）应试作文常用的三种结构

因应试中写议论文较多,所以本文专谈议论文的条理。

在审题正确的前提下,文章的条理是否清晰显得十分重要,因为如果条理清晰,就会让阅卷老师对文章先写了什么,后写了什么,分了几个层次,一目了然,从而给他们条理清楚、结构完整的印象,得分就不会低。

议论文的结构方式,用得最多的是基本式,即"绪论(提出问题)—本论(分析问题)—结论(解决问题)"。如果提不出"解决问题"的办法,就改为"提出问题—分析问题—总结全文"。"本论"部分可把中心论点切分为两至三个分论点,形成并列结构,或递进结构,或正反对比结构。其中正反对比结构最容易把握,所以用得很普遍。

下面以几个题目为例,提供详细的结构提纲,以供参考。

1. 并列或递进结构

【例一】　要正确认识自己

(1) 提出问题

什么叫"正确认识自己"? 就是要对自己做客观全面的分析,既看到自己的长处,也看到自己的不足,进而发扬自己的长处,尽量弥补自己的不足。

(2) 分析问题

为什么要"正确认识自己"呢?

正确认识自己,是完善自己,不断取得进步的重要前提。

能正确认识自己,就能扬长避短,不断进步,最终成就一番事业。(列举事例)

不能正确认识自己,就会陷入盲目,或因骄傲而失败,或因自卑而丧志,最终一事无成。(列举事例)

(3) 解决问题

怎样才能"正确认识自己"呢?

第一,要勤于学习知识。

勤于学习知识,就会眼界开阔,胸怀豁达,有利于培养高尚情操。

第二,要善于分析比较。

将自己的短处对比别人的长处,就会发现问题,找出差距,以利改进。

第三,要严于剖析自己。

只有严于剖析,才能有自知之明,才能切实改掉自身毛病。

总之,"正确认识自己"十分重要。

("分析问题"用了正反对比结构,"解决问题"用了并列结构。)

【例二】　传统与创新

(1) 提出问题

什么是传统? 传统是过去时代的产物,是历史沿袭下来的比较稳定的文化、风俗乃至思想、行为方式,是在人们头脑中经常起作用的习惯力量。

那什么是创新呢? 创新就是创造出新,就是破旧立新、革故鼎新。它是对旧制度、旧规章、旧思想、旧习惯的挑战,是敢于开拓、勇于进取的表现。

（2）分析问题

既然传统是过去时代的产物，而我们现在处在一个全新的时代，那我们就大胆创新好了，何必提什么传统？这就带来一个问题：如何看待传统。

大家知道，历史是不能割断的，人们的行为方式、生活习惯是不可能在短期内改变的，因此我们对传统应做实事求是的分析。

传统中既有精华也有糟粕。一方面，我国是历史悠久的文明古国，我国人民在创造物质文明和精神文明的过程中，形成了许多优良传统，如勤劳、勇敢、俭朴、谦虚、好学、礼貌等。另一方面，由于我国封建社会历史漫长，传统中也有束缚人思想、阻碍社会进步的东西，如保守、唯上、过于谨慎、一味求稳等。对于传统中的精华要继承、发扬，对其糟粕要剔除、抛弃。不加区别地一律吸收或一概否定，都是片面的、不科学的。

死守传统，不思创新，就会停滞不前，就会得不到发展；如果完全抛开传统，刻意求新，就会脱离实际，失去必要的思想文化基础，从而使创新难以成功。

（3）总结全文

正确的态度应该是：在继承优良传统的基础

上发扬勇于创新的精神。中国特色社会主义理论,就是两者结合的极好范例。它既从中国国情出发,又不满足现状;它促进了生产力的发展,推动了文明的进程,迎来了新世纪的大好春光。总之,要在继承优良传统的基础上不断创新,在创新中持续前进。

2. 正反对比结构

【例三】　礼貌

（1）提出问题

近些年来,我国的经济得到迅速发展,人们的文化生活也日益丰富,社会的道德水平逐步提高,这是很令人欣喜的。但我们不能不清醒地看到,各种不礼貌的行为仍时有发生。有人说,这是小节,无须指责。

究竟如何看待这个问题呢?

（2）分析问题

首先我们要搞清楚什么是礼貌。礼貌,是一个人言语动作谦虚恭敬的表现,是一个人文明素质的重要组成部分。

讲究礼貌,受人尊敬。

古人云:"仁者爱人,有礼者敬人。"讲礼貌是尊敬人,而尊敬人最终也受人尊敬。对长辈尊敬,对小辈爱护,对朋友真诚,这是传统美德。讲礼貌有利于陶冶道德情操,有利于跟人沟通,有利于开展工作,好处很多。(列举事例)

不讲礼貌,为人不齿。

不讲礼貌是不文明的表现,它带来的害处不少:伤害他人感情,影响内部团结,妨碍学习和工作的顺利进行,甚至为人所不齿,以致身败名裂,成为孤家寡人。(列举事例)

(3)总结全文

在现代文明社会里,随着人际交往的频繁,讲礼貌显得越来越重要。我们应以讲礼貌为荣,以不讲礼貌为耻。我们要弘扬民族传统美德,以讲礼貌的文明举止赢得世界的尊重。

("分析问题"部分用的是正反对比结构。)

3. 总分式结构

【例四】 真

(1)总说

陶行知说:"千教万教教人求真,千学万学学做真人。"真,是我们做人做事的第一准则,没有真,在自我成长、与人交往的路上是走不远的。

（2）分说

做人要真。真，是自我完善的前提，也是取信于人的关键。（举例）

说话要真。说真话体现了诚实的美德；说真话，才能有真心的朋友。（举例）

写作也要真。写作的真，就是不说大话、空话；只有说实话、抒真情，文章才能感人。（举例）

（3）总结

我们只有努力做真人，说真话，写真事，用真善美的心去感化身边的人，才能共创美好生活。

"总—分—总"是最完整的总分式结构。也可以先总后分，或先分后总，一切根据表达需要而定。

（四）使语言有吸引力的三种策略

经常有学生问："我的作文不走题，内容也比较实在，就是语言太平淡，分数总上不去，怎么办？"这种现象很普遍。语言水平的提高需要一个较长的过程，无法临时突击生效。但不少考生的担忧也确实是个问题，因为语言是否有吸引力，直接关系到得分。

语言有吸引力的表现,大致有三类:

1. 书卷气

它体现在整齐、连贯、典雅等方面。

(1) 整齐

整齐讲求对称。对称,是通过字数对等手段使语句在形式上平衡与整齐。2004年江苏一考生的作文中有这么几句:"水的灵秀给人以聪慧,山的沉稳给人以敦厚。山水养育一方水土,父母哺育我们儿女。"又如:"低头需要勇气,抬头需要实力。"

(2) 连贯

连贯讲求脉络贯通,前后有序,有条不紊。"四书"之一的《大学》中有这么一段:"知止而后有定,定而后能静,静而后能安,安而后能虑,虑而后能得。"这就是修辞中的"顶真",其表达形态是AB—BC—CD。据此可造出这么几句:"思想解放带来改革开放,改革开放推动探索创新,探索创新促进社会进步。"

(3) 典雅

典雅反映一个人的知识积累和文化品位,对一个考生来说,则是良好的语文素养的体现。典雅取决于两个要素:一是词语,二是句式。你可用换词和化古两种方法来体现语言的典雅。

先说换词。要尽可能用同义或近义的色彩较浓的词语去替换过于直白的口语词语。如把提问换扣问,把树立换成高扬,把保卫换成捍卫,把温暖换成温馨,把爱护换成呵护,把意义换成真谛,把品德换成潜质,把老实换成敦厚,把活泼换成灵动,把死亡换成殒命,把飞行换成翱翔,等等。

再说化古。① 用四字句式。如:"锲而舍之,朽木不折;锲而不舍,金石可镂。"② 用"之"字句式,如:"月出于东山之上,徘徊于斗牛之间。""仰观宇宙之大,俯察品类之盛。""磨砺青青之志,走稳人生之路。"③ 用"而"字句式。如:"出淤泥而不染,濯清涟而不妖。""山不高而秀雅,水不深而澄清。""一个人应该:天真而不幼稚,勇敢而不鲁莽,热情而不冲动,乐观而不盲目。"

2. 文学味

文章的文学味主要是靠恰当地运用各种修辞手法来体现的。在高考作文中,比喻和排比用得最多,效果也很好。

(1) 运用比喻

"希望是火,失望是烟,生活就是一边点火,一边冒烟。"

"我们用友谊写了一本书,一本厚厚的书。在书里:友谊如珍珠,我们共同穿缀,连成一串串璀璨的项链;友谊如彩绸,我们共同剪裁,缝制成一件件绚丽的衣衫;友谊如花种,我们共同播撒,培育出一个个五彩的花坛;友谊如油彩,我们共同调色,描绘出一幅幅美丽的图画。"

(2) 运用排比

"最大的庸俗是装腔作势,最大的媚俗是人云亦云,最大的卑俗是顾影自怜。"

"人们因包容而温暖,生活因包容而美丽,世界因包容而多彩。"近年来,不少考生把比喻和排比结合起来用,产生了很好的表达效果,比如:

"善良就像一种药,剂量大了,就是愚善;剂量正好,就是善良;剂量不够,则是伪善。"

"人生如一本书,应该多一点精彩的细节,少一点乏味的字眼;人生如一首歌,应该多一点昂扬的旋律,少一点忧伤的音符;人生如一幅画,应该多一点亮丽的色彩,少一点灰暗的色调。"

(3) 运用引用

"书是良药,刘向说:'书犹药也,善读之可以医愚。'书是益友,臧克家说:'读过一本书,像交了一位益友。'书是窗户,高尔基说:'每一本书,都在我面前打开了一扇窗户。'就让我们好好读书吧!"这段话,既有引用,又运用了比喻、拟人、排比,是多种修辞手法的综合运用。

3. 哲理性

狄更斯《双城记》的开头之所以令人赞赏,不仅因为它有一定的文采,更主要的是它蕴含的深刻哲理:

"这是一个最好的时代,这是一个最坏的时代;这是智慧的时代,这是愚蠢的时代;这是信仰的纪元,这是怀疑的纪元;这是光明的季节,这是黑暗的季节;这是希望的春日,这是失望的冬日;我们面前应有尽有,我们面前一无所有;我们都将直上天堂,我们都将直下地狱。"

当代有些人的话也同样深刻:"当我们强壮得只剩精力时,我们是虚弱的;当我们勇敢得只剩激情时,我们是怯懦的;当我们博学得只剩知识时,我们是无知的。"

有哲理性并不等同于艰深难懂,有时短短几句话,含义却很深刻,因为它是对生活的真切感括。如:"会思考,累;不会思考,废;选择思考,可贵;换位思考,绝对。""人类最大的邪恶,不是魔鬼行凶,而是有人扮成天使,以爱的名义作恶。"

上面说到"深刻",那什么是"深刻"呢?有人这样解释:"深,就是有启发人的超常道理,这是内容上的胜利;刻,就是有能让人记住的超常印象,这是形式上的胜利。语言深刻所追求的,就是经由形式上的胜利抵达内容上的胜利。"富有哲理的深刻,是语言表达的一种最高境界,因为它冷静理性,促人思考,令人难忘。

"深刻"从何而来?

(1)从批判中来。深刻离不开怀疑和批判,不过,怀疑要合理,批判要中肯。它常常用否定判断。如:"这档节目,有科技没科学,有技术没理性,有脑力没脑子,总之,因缺乏科学精神而少了许多光彩。""无论是《朗读者》,还是《见字如面》,只能感受到浮光掠影的文化按摩,却不能感受到人文精神的深沉思索,因而难以产生强大的聚变能量。"

(2)从建设中来。它常用肯定判断。否定判断是反向揭示深刻,而肯定判断则从正向寻求深刻。如:"分享是一种博爱的心境,学会分享,就学会了生活;分享是一种思想的深度,思考的同时,你就分担了朋友的痛苦。快乐的分享,痛苦的承担,让阳光洒满你的心灵。""实话,是对事实的尊重,是对规律的遵循,是对事物本质的认识,所以我们要想真正办好一件事,就必须坚持讲实话。"

(3) 从对比中来。它常常"否肯并用"。肯定判断以否定判断为基础,有破有立,形成对比,以显深刻。它的代表性形式是:"不是……而是……"(不可以……可以……;不在于……而在于……;等等)。如:"成熟不是随波逐流、人云亦云;不是察言观色、八面玲珑;也不是见风使舵、老奸巨猾。成熟是面对诬陷而不丧失自信,面对成就而不骄傲,面对恭维而不失理智。""生命的意义,不在美丽的言辞中,不在空洞的追求里,而在实实在在地谋求自己生存也帮助别人的生存中。"也有在取舍中进行对比的,如:"你向往山居的清静,就必须舍弃都市的繁华;你仰慕奋斗者的成功,就必须舍弃安逸闲散的生活;你希望走遍千山万水,就必须舍弃乡土乡音的温馨柔美。"

(4) 从反思中来。批判与对比中都包含反思,之所以把"反思"与批判、对比并列,意在强调立足现实的清醒思考。下面这段高考作文中的话,对"90后"的分析客观而理性,在实事求是地提出问题中见深刻:

当然,我们也有很多缺点和不足:追求华丽,讲究时尚,爱玩个性与新鲜的词汇,喜欢"酷"与"拽"的偶像气质,缺乏吃苦耐劳与脚踏实地的朴素、坚韧,甚至有些自私、脆弱、散漫、逆反,缺乏集体意识及信仰,有现代华丽的叶子,却缺乏民族传统的根脉。但社会归结给"90后"的病垢,有多少是我们的表象,如我们穿的衣服,又有多少只是极端个别的"点"而非"面"的以偏概全,抑或有多少是生产我们的"流水线"——家庭、社会、教育、考试、人才评价、就业保障、民主法制、全民信仰与价值观等整体机制与体系的问题呢?这确是我们"90后"及社会需要深刻思考的问题。

以上所述,不可能也没必要都用到应试作文中去,同学们可根据自身条件和需要,选用你能做到的一种就可以了。同时,在运用过程中必须注意这么几点:① 必须在扣题的前提下,服从内容表达的需要。如果你所设计的有吸引力的语句不符合作文题意,那么再优美再深刻也是白搭。② 必须保证全文语言风格的协调一致,也就是说,必须使你设计的那段有吸引力的话成为你文章的合理组成部分,而不能给人以"焊接上去"的感觉。③ 必须尽可能使全文的语句表意明确、过渡自然、文气贯通。如果为了使语言有吸引力而堆砌辞藻,滥用修辞,甚至假装崇高,言不由衷地说些大话、套话,就很容易"以辞害意"而以失败告终。如果你实在做不到使语言有吸引力,也没关系,那就老老实实用规范的现代汉语去表达。要知道,语言表达风格是多种多样的,有的朴实自然,有的优美流畅,有的清新直白,有的华丽典雅。只要能恰当地表情达意,哪种风格都是可取的。

最后想强调的是,只有语言与思想一致,形式为内容服务,才能写出真正的好文章。如果为追求语言的吸引力而生硬地玩弄语言技巧却不重视内容的充实和感情的真切,那就本末倒置了。

随着时代的发展和社会的进步,人们观察世界、评价事物日益趋于理性而多元,阅卷老师也越来越厌弃假大空的文章了,那些玩弄词句、追求虚美的轻飘飘的文字更是不招人待见。有人说得好:"爱,是夏日的风,是冬日的阳,是春日的雨,是秋日的果。"希望每位考生怀着一颗爱心,写出符合年纪特点的、富有青春朝气的、真正属于自己的好文章。

（五）应试作文开头的五种方法

怎样写好开头

1. 文章开头的重要性

文章的开头能反映你的见识、品位和文采，这个印象会伴随阅卷老师的阅读全过程，影响他的情感和判断。因为这是给阅卷老师的第一印象，所以绝不可小视。

2. 文章开头要注意的问题

（1）要"文从题出"，即开头一段的内容一定要与题目紧密联系；或者把作文材料中与文章相关度很高的某个词或几个词写进开头的句子中，或者把作文材料中的某个关键句子写进开头的句子中，或者并不直接引用作文材料，但能把暗含的意思写出来。

（2）要"显现中心"，即开头要用一两句话写出有判断性质的中心句，用判断句写出主旨，能使中心明确，开门见山。

（3）要"控制字数"，一般在 80～150 字，不能太长，长了就"头重脚轻"；也不宜过短，过短就"头小体大"，很不协调。

另外,不宜有错别字,不能有明显的语病,书写要尽可能规范。做到这几点,就能给阅卷老师良好的第一印象。

3. 文章开头的方法

方法很多,常见的有以下几种:

(1) 开头亮观点

例如:物以本色而妩媚,人因本色而风流。坚持本色,彰显个性,生命就显得高贵,生活就变得真实。

(2) 抒情定基调

例如:春天,绿色的使者,希望的象征;阳光,温柔的天使,光明的象征。有了春天,无不生机盎然,繁花似锦;有了阳光,无不温暖人心,心情舒畅。

(3) 用对称句引出下文

例如:疫情过后,人们会懂得如何更好地生活,会懂得如何珍惜生命。灾难中,孕育着新生;坚守里,成长着坚强。

(4) 引用名人名言立意

例如:一代高僧弘一法师坐化前对弟子说:"坚韧的东西总是比坚硬的东西强。"这话很有道理,我追求坚韧。

(5) 用设问和排比造势

例如:爱心是什么? 是能鼓起你生命风帆的激励;爱心是什么? 是雪中送炭的资助;爱心是什么? 是抚慰你受伤心灵的微笑。这听起来有点抽象,那到底怎么看待爱心呢? 且听我慢慢说来。

(六) 应试作文结尾的五种方法

1. 文章结尾的作用

如果说文章的开头是给阅卷老师的"第一印象",那么文章的结尾则是给阅卷老师的"终极印象"。如果开头写得不太理想,但是结尾写得好,同样可以赢得阅卷老师的赏识而得到一个较好的分数。当然,头、尾都好,且能相互照应,那是再好不过了。

2. 文章结尾的方法

(1) 小结全文

例如:综上所述,人生就是从单纯到复杂,又归于平静简单的周而复始。我们要做的,是享受每一次感悟,从中提纯生活的意义。

(2) 比喻收束

例如:真诚是美酒,年份越久越醇香;真诚是焰火,越在高处绽放越美丽;真诚是鲜花,送之于人手有余香。愿大家都与真诚相伴。

（3）排比造势

例如:用美好的心灵看世界,总是用乐观的精神面对一生,多一份自信、少一份失望;用美好的心灵看世界,总是用积极的态度面对生活,多一份感激、少一份抱怨;用美好的心灵看世界,总是用顽强的意志面对困难,多一份勇气、少一份怯懦;总之,用美好的心灵看世界,就会快乐而幸福。

（4）连续发问

例如:有时候,恰当地表现自己,是自信的表现,而绝非骄傲。如果王勃不在滕王阁上表现自己,能留下"落霞与孤鹜齐飞,秋水共长天一色"的千古名句吗? 如果郑和不在朝廷上表现自己,能有"七下西洋"的伟大壮举吗? 如果华罗庚不在熊庆来面前表现自己,能得到他的赏识而最终成为著名数学家吗? 可见,恰当地表现自己是完全必要的。

（5）引用作结

① 引用名言

例如:几乎所有的人都在追逐人生的幸福,然而就像卞之琳《断章》所说那样,我们常常看到的风景是:一个人总在仰望和羡慕着别人的幸福,一回头,却发现自己正被别人仰望和羡慕着。

　　② 引用诗句

　　例如:语文就是龚自珍"落红不是无情物,化作春泥更护花"的献身精神;语文就是文天祥"人生自古谁无死,留取丹心照汗青"的浩然正气;语文就是苏东坡"谁道人生无再少? 门前流水尚能西"的超脱旷达;语文就是杜少陵"感时花溅泪,恨别鸟惊心"的无奈与感伤;语文就是王维"大漠孤烟直,长河落日圆"的苍茫与壮阔……这就是语文的力量、语文的美感。

　　③ 引用实例

　　例如:当爱迪生离开关爱他的母亲到各地去找工作时,这意味着他发明事业的开始;当比尔·盖茨离开故乡去其他地方建立微软公司时,这意味着他创业的一个新的开始;当鲁迅放弃医学而回国从事写作生涯时,这意味着他人生旅途的又一个开始。由此可见,告别旧的事物,就意味着新事物的开始。所以,告别并不是令人伤感的事,它往往催生新的人生。

　　开头、结尾的方法远不止以上这些,它完全可以根据内容表达的需要,由你自行创造。只要跟全文内容一致,在上下衔接上又很协调,不管你以什么形式,用什么语句去开头、结尾,都是可以的。

(七) 考前要解决的两个问题

作文在高考语文试卷中占 60 分,是比重最大的一道题,必须引起足够的重视。不少学生认为,作文考试无法准备,再怎么训练,也提高不了。其实不然。训练与不训练还是有区别的,关键是训练要有针对性,要有实效。

1. 如何解决"不知写什么好"的问题

其实,可写的内容还是很多的。请同学们想一想:

(1) 身边发生过的事情,看有没有可以采用的素材。

(2) 学过的课文,看有没有可以吸取的内容。

(3) 政治课上学过的哲学常识,看有没有可以运用的原理。

(4) 历史课上学过的中外史实,看有没有能为我所用的材料。

(5) 读过的课外书,看有没有可用的片段。

(6) 平时常读的报刊,看有没有可供引用的资料。

（7）以往看过的影视作品，看有没有可供参考的情节。

（8）平时老师讲评过的佳作，看有没有可以借鉴的地方。

还要加一条，想一想近几个月来发生的新鲜事，看有没有可以用到文章中去的。不过，大家都非常熟悉的人与事最好别写，因为尽人皆知就成了"大路货"。最好写你所在城市、街区、村镇中的感人故事。如果你能从生活到书本全面"想一想"，那你就不愁没东西可写。

2. 如何解决"不知怎么写"的问题

先说记叙文。在确保切合题意的前提下，建议你做如下思考：

（1）在材料的组合上，你能不能用"三"去代替平铺直叙的"一"？比如三个时段，或三处场所，或三段经历，或三张照片，或三个镜头，或三次对话，等等。

（2）在结构安排上，你能不能运用倒叙或设置悬念，来增加故事的曲折、波澜？

（3）在表现手法上，你能不能用象征手法，或用梦幻去反映你不便直接说出来的想法？

（4）在人称使用上，你能不能用第一人称，使表达真实、亲切?

(5) 你能不能用日记或书信去代替一般化的记叙形式而使文章有点新鲜感?

再说议论文。在确保符合题意、观点正确的前提下,不妨做如下思考:

(1) 题目能不能新一点? 比如,用设问句作题,或用古诗文名句作题,甚至用数字公式作题。

(2) 论证能否新一点? 比如,例子新,尽量以自己熟悉的人和事为例(个人、家庭、学校、社区);引文新,尽量多用近几个月来新公布的资料、数据。

(3) 用词能不能新一点? 比如:① 引进时代、网络新词汇;② 引进有影响力的歌词;③ 引进生动的群众口头语言(如老百姓讽刺少数作风不良的官员"白天文明不精神,晚上精神不文明";揭示理想与现实的关系"理想很丰满,现实很骨感")。

以上几条如能用上一条,用得恰当,至少可为你文章的某个局部增添光彩。

（八）临考四点关照

1. 细心审题

如果题目提供的文学材料，你一时吃不透它的含义，怎么办？千万别急，先来个深呼吸，让心情放松。你再把材料仔细熟读一遍，然后冷静地想一想：这段材料说了什么，它要告诉人什么，命题的人为什么要出这个题，他希望我们考生写什么。再想一想：现实生活中有哪些现象与材料中的人和事类似，或生活中的哪些现象可用来证明材料中的观点。

2. 写好头尾

好的开头能一上来就吸引住阅卷老师，使他们带着愉悦的心情去看你的文章。开头的方法很多，常见而有效的有：① 开门见山。②"引用"开头。③ 比喻开头。④ 设问开头。⑤ 抒情开头。开头一段不能有明显的病句，不能有错别字，字数不能多，书写要规范，总之要让阅卷老师看了很舒服，给他们一个最初的好印象。

开头没写好，可用好的结尾来弥补。以议论文为例，效果较好的结尾方法有：① 总结全文，照应开头。② 引用名言,强化论点。③ 提个问题,发人深思。④ 运用排比,增强气势。结尾要干脆有力,不拖泥带水,更不要说大话、喊口号。

3. 抒发真情

真正的好文章应该既有"我"也有"情",华丽的语言能吸引人,而真情实感能打动人。"我"怀着"情"去写自己的经历,或自己的见闻,或自己的体验,让自己的真情在文中流淌,让自己的个性在文中展现,就像你跟阅卷老师做一次坦诚的交流,老师一定很喜欢,分数自然不会低。特别提醒各位,千万别一味去写"高大上"(这往往是千篇一律的"大路货"),而应以富有朝气的年轻人特有的视角,去关注现实中的细节,尽量使文章有人情味,有烟火气。这容易拉近与阅卷老师的感情距离,因为大家都是普通人。

4. 重视卷面

字迹模糊,难以辨认,阅卷时一律作错别字处理。请同学们一笔一画写清楚每一个字,不要写繁体字和不规范的简化字。书写规范,卷面整洁,会给阅卷老师良好的视觉印象,有利于最终的判分;反之,会降低你的得分。总之,切不可小视书写。

（九）回答几个问题

1. 我看到题目不大好写就紧张，怎么办？

说题目难，其实对大家都难，并非仅仅对你一个人，所以不用紧张。你要这么想：我紧张，别人可能比我更紧张。这么一想，就能使心慢慢平静下来，情绪稳定了，一切就正常了。顺便说一个问题，在你下笔之前，你最先想到的内容最好不要写，因为大家平时受"求同思维"影响，对许多问题的认识都差不多，你想到的，其他人也都想到了。你不妨再想一两分钟，人家只想到正面，你却想到了侧面和反面；人家只想到一点，你却想到了两点甚至更多。这样，你就可能超过不少人。

2. 写议论文引用名句时，记不得作者和原句，怎么办？

名句的引用要完整、准确，不能出现"硬伤"。如果你记不得作者，可用"有位名人说"来表述。如果记不得原句，就不要用引号（因为引号里的话必须是原句，一个字都不能差）。这就告诉老师，我引用的不是原话，而是大意；不过，这个"大意"不能违背作者原意。

3. 写到最后发现字数不够,怎么办?

字数缺得较多是要扣分的。出现这种情况,首先不要慌,只要还有时间,还是有办法弥补的,如果是议论文,可加以下内容:① 另起一段,重申自己的观点,但在文字表述上要尽量与前文的说法有些区别。② 另起一段,再举一例,并作简要分析,最后用一两句话总结全文。③ 另起一段,用一个过渡句,引出一个问题,让人去思考;或扣住前文论点来一组排比,收束全文。如果是记叙文,可加以下内容:① 由上文所叙之事,引出一小段议论。② 由上文所记之事引出一小段抒情,所抒之情必须跟文中的人或事有关。③ 可用"我还听说"或"对了,还有件事得补充一下"等过渡语,再补写一小段故事。

最后说一点,如果文章写完后还有时间,那就请你把文章从头到尾一字一句再复看一遍,及时纠正出现的错字、病句和不恰当的标点符号,争取把错误降到最少。减少失分就是增加得分。